El costo de la madurez espiritual

EL ÉXITO Y EL CRISTIANO

A. W. Tozer

CASA CREACIÓN
Para vivir la Palabra

Para vivir la Palabra

MANTENGAN LOS OJOS ABIERTOS,
AFÉRRENSE A SUS CONVICCIONES,
ENTRÉGUENSE POR COMPLETO,
PERMANEZCAN FIRMES,
Y AMEN TODO EL TIEMPO.
—1 Corintios 16:13-14 (Biblia El Mensaje)

El éxito y el cristiano por A. W. Tozer
Publicado por Casa Creación
Miami, Florida
www.casacreacion.com

ISBN: 978-1-966427-00-1
E-Book ISBN: 978-1-966427-01-8

Desarrollo editorial: *Grupo Nivel Uno, Inc.*
Adaptación de diseño interior y portada: *Grupo Nivel Uno, Inc.*

Publicado originalmente en inglés bajo el título:
Success and the Christian
© 2017 por The Moody Institute of Chicago
820 N. LaSalle Blvd., Chicago, IL 60610.
Traducido e impreso con autorización
Todos los derechos reservados.

Impreso en Colombia
26 27 28 29 30 LBS 9 8 7 6 5 4 3 2 1

CONTENIDO

1. Definición de perfección espiritual 5
2. Él es un amante celoso 19
3. Fórmula para el éxito espiritual. 43
4. Plaga, una palabra aterradora 59
5. La vida más profunda 77
6. La unidad que trae avivamiento 97
7. Cinco principios para una vida santa 113
8. La comunión de los santos 129
9. El secreto de la victoria 143

CAPÍTULO 1

DEFINICIÓN DE PERFECCIÓN ESPIRITUAL

"Tengo mucho más que decir sobre esto, pero es difícil hacérselo entender ya que han adquirido el mal hábito de no escuchar".

—Hebreos 5:11 BEM

¿Alguna vez ha intentado hablar con una persona que no entiende ni una sola palabra de lo que usted le dice, que no conoce el idioma en el que le habla? Es probable que se exprese con toda franqueza y su interlocutor solo mueva la cabeza e, incluso, pronuncie una frase que aprendió, como queriendo decir: "No entiendo".

Bueno, ese es el motivo de la dificultad que plantea el escritor de Hebreos cuando dice que:

> "A estas alturas ya deberían ser maestros, sin embargo, descubro que necesitan que alguien se siente con ustedes y les repase desde el principio los aspectos básicos sobre Dios; ¡necesitan leche cuando *ya debieran estar* comiendo alimento sólido hace mucho tiempo!".
>
> —Hebreos 5:12 BEM

Quiero llamar la atención a la siguiente frase: "ya debieran estar". Es que antes no eran así, al contrario, llegaron a ser personas que "¡necesitan leche cuando *ya debieran estar* comiendo alimento sólido hace mucho tiempo!" (Hebreos 5:12b BEM). Habían retrocedido y regresado a un estado infantil después de haber mostrado, evidentemente, algún crecimiento. "La leche es para principiantes, inexpertos en los caminos del Señor", explica el autor de la carta, "el alimento sólido es para los maduros, que tienen cierta práctica en distinguir el bien del mal" (5:13-14).

Él dice que debemos dejar los primeros principios o rudimentos (ver RVR1960), es decir, las enseñanzas elementales de la fe cristiana. Debemos dejarlas, pero no olvidarlas del todo. No debemos dejarlas como quien se va de una casa para ir a otra o deja una ciudad para ir a otra. Debemos dejarlas como un constructor que, al edificar una casa, coloca los cimientos y luego los deja abajo mientras construye hacia arriba.

Si se trata de un edificio como los que se ven en ciudades, los cimientos se hacen con mucha profundidad y sobre ellos —encima— se edifican muchos pisos, hasta treinta, cuarenta o cincuenta. Los cimientos se han dejado en lo profundo pero, no por eso se han separado de ellos: se ha edificado sobre ellos. Ahora bien, eso es lo que el hombre de Dios quiere decir.

Los primeros principios

¿Cuáles son esos primeros principios que debemos dejar (en el sentido de que edifiquemos sobre ellos)? Él mismo los menciona para que no haya malos entendidos: "el arrepentimiento ... la fe ... la doctrina de bautismos, la imposición de manos ... la resurrección de los muertos y el juicio eterno" (6:1-2). Esos son los principios elementales de la doctrina, los que debemos dejar para utilizarlos como el constructor deja los cimientos y continúa edificando sobre ellos. "No volvamos a poner los fundamentos" (6:1), dice él. La estructura debe descansar sobre el fundamento, no importa cuánto se eleve hacia el cielo.

Esa estructura se apoya en el fundamento de Cristo: en quién es Él, en el arrepentimiento y la fe en Él; en el bautismo en el cuerpo de Cristo; en la venidera resurrección de los muertos y en el juicio que ha de venir. Estas son las doctrinas básicas de la fe sobre las cuales nos apoyamos; cualquiera que sea nuestro avance en la vida cristiana, nunca las abandonamos. Ellas permanecen como el fundamento sobre el cual edificamos.

El problema era que los hebreos nunca fueron más allá del fundamento. Y esa excesiva preocupación por lo elemental también caracteriza a muchos evangélicos en la actualidad. En contraste, ignorar las doctrinas cristianas es lo que caracteriza a los liberales. Pero la obsesión exclusiva con los primeros principios identifica a la iglesia promedio. Y eso, dice él, nos mantiene como bebés espirituales toda la vida.

Permanecer como un bebé

Comencemos por explorar la metáfora del niño y la leche. Es posible quedar paralizado en un estado espiritual infantil, detener el crecimiento y permanecer en esa condición. Observe las características de un niño, hermosas en un pequeñín, pero terribles en una persona de dieciocho o veinte años.

Primero, el niño no puede concentrarse en nada por mucho tiempo. Pierde interés tan rápido como es posible. Gritará, llorará, se emocionará por algo y lo agarrará con entusiasmo… y, noventa segundos después, lo lanzará al suelo para buscar otra cosa. Eso es típico de un pequeñuelo… es como Dios quiso que fuera el niño. Sin embargo, él no quiso que el padre del bebé fuera así ni tampoco la madre, ni siquiera la hermana de siete años del pequeño. Ese comportamiento es característico de un bebé, pero también lo es de cristianos que se convirtieron, creyentes fundamentalistas, que luego se estancaron y dejaron de desarrollarse. Individuos que no pueden mantenerse fieles a los ejercicios espirituales. Incapaces de orar por mucho tiempo y menos de reflexionar. Es más, se ríen ante la idea de la meditación. Piensan que eso solo era para Tomás de Aquino. En cuanto a la lectura bíblica, no la practican tanto, ni tampoco hacen mucho de lo que requiere disciplina y madurez.

Una segunda característica del niño es que se preocupa por cosas simples, de lo más básico. Usted nunca habla con un pequeñuelo sobre el existencialismo o la guerra fría. El niño se conforma con unas cuantas cosas pequeñas, le basta con comer, mantenerse cálido y seco, y tener a su madre a una distancia a la que ella pueda oírlo. Eso es todo lo que le interesa al chiquillo.

Hay cristianos que crecen pero no tienen gusto alguno por nada espiritualmente avanzado. Se quedan absortos con sus primeras lecciones. La iglesia promedio es una escuela con un solo grado: el primero. Esos cristianos nunca esperan avanzar más allá y no quieren escuchar por mucho tiempo a alguien que desee llevarlos más lejos. Si su pastor insiste en que hagan la tarea y se preparen para el siguiente grado, empiezan a orar para que el Señor "llame a nuestro querido hermano a otro lugar". Y entre más lo detestan, más énfasis ponen en "nuestro querido hermano". Todo lo que él intenta hacer es prepararlos para que pasen al siguiente grado, pero esa iglesia solo se dedica al primero, por lo que se quedará allí.

Pablo dijo que algunos pasaron al segundo grado, pero lo abandonaron y dijeron: "Esto es demasiado difícil", y regresaron al primero.

"¿Cuánto tiempo ha estado usted, Principiante, en primer grado?".

"Doce años".

Bueno, ¿cuánto tiempo ha estado escuchando la misma verdad y oyendo la misma doctrina: "Que debe nacer de nuevo", "que habrá un juicio" y otras cosas similares? Aun cuando eso es cierto y no debemos menospreciarlo, tenemos que usarlo para avanzar. Pero no lo hacemos. Generaciones enteras de cristianos crecen en el primer grado. Aprenden a leer su Biblia desde esa perspectiva. Para ellos, nada en la Palabra de Dios significa algo que los lleve más allá de esa etapa elemental. Tienen conferencias bíblicas dedicadas al primer grado de la vida cristiana, escuelas bíblicas dedicadas a permanecer en ese grado. Por mi parte, siento que quiero ser un poco más interesante en lo espiritual. Pablo dijo:

> "Tengo la mirada puesta en la meta … Voy corriendo y no volveré atrás"
>
> —Filipenses 3:13b-14a BEM

Él era un hombre que no se conformaba con estar en el primer grado.

Otra cosa acerca del niño es que llora por entretenimiento. Le encanta entretenerse. Cuando estoy en un autobús y veo a un chiquillo sobre el hombro de su madre, me agrada. Si la madre me ve, me quedo tan serio como puedo. Pero si veo al bebé, empiezo a hacer cosas que inevitablemente lo animan, por lo que ambos nos divertimos. Finalmente la madre observa a su bebé, lo baja y se pregunta quién sería ese hombre que le hacía muecas al pequeño. Bueno, no es que el pequeñuelo sea travieso; simplemente le encanta que lo entretengan. Y no hace falta gastar cien dólares para hacerlo. Se puede lograr moviendo un dedo o mirando al bebé a través de los dedos.

Así como a los niños les encanta que los entretengan, de la misma manera el clamor por el entretenimiento religioso es evidencia de que estamos estancados en el primer grado. Todavía somos niños en la fe y nos quedaremos así. Los pequeños necesitan juguetes, novedades y nuevos compañeros de juego cada cierto tiempo. Y en la iglesia de hoy ocurre lo mismo.

El entretenimiento religioso ha corrompido tanto a la iglesia de Cristo que millones ni siquiera saben que eso es herejía. Millones de evangélicos alrededor del mundo se han entregado a esa clase de diversión. No saben que es tan herético como contar los abalorios de un rosario, rociar agua bendita o cualquier otra costumbre pagana. Hablar de este tema, por supuesto, genera una tormenta de protesta entre la gente.

Un cristiano que era empresario, me dijo una vez: "Hermano Tozer, no lo idolatro; pero lo sigo y le creo. Lo que quiero saber es por qué tanta gente lo aprecia, aunque no tiene ni la más mínima idea de lo que usted les habla". A lo que respondí: "Hermano, quisiera saber eso mismo, pero también desconozco la razón de ello". Sin embargo, es cierto. Pero, tan pronto como creen que uno está atacando su afición por el entretenimiento religioso, lo descalifican de inmediato.

Un hombre escribió un artículo contra mí con el objeto de exponerme al escarnio. Dijo que yo afirmaba que el entretenimiento religioso era malo, por lo que argumentó: "¿No sabe acaso que cada vez que usted canta un himno, se está entreteniendo?". "¿Cada vez que canto un himno?", pensé. Pobre turbado, no sé ni siquiera cómo logra —ese tipo— llegar a su casa por la noche. ¡Debe necesitar un perro guía y hasta alguien con un bastón que lo ayude a encontrar la casa!

Cuando uno alza los ojos a Dios y canta: "Dame, Señor, el pan de vida que alimenta", ¿es eso entretenimiento o es adoración? Acaso, ¿no hay alguna diferencia entre una cosa y otra? La iglesia que no puede adorar cae en el entretenimiento. Es más, los líderes que son incapaces de guiar a una congregación a adorar tienen que proporcionar diversión. Esa es la razón por la cual tenemos una gran apostasía evangélica en la iglesia de hoy: la herejía del entretenimiento religioso.

Además, hay otra característica de la inmadurez, por ejemplo, veamos el caso siguiente: el niño no puede leer ni disfrutar literatura avanzada, aun cuando llegue a los cinco o seis años de edad. Así que se le acerca a usted y hace que se siente, lee un libro completo, pero todo lo que afirma acerca de su lectura es algo como: "Vi un gato y era blanco". Como usted sabe, no tiene mucho que decir. Nada profundo. Si el chico nunca pasa de ver eso al leer, usted se sentirá muy mal por él. Sin embargo, cuando llega por primera vez a casa y dice: "Mami, papi, escuchen cómo leo ahora", no importa lo que usted esté haciendo o lo que se esté quemando en la estufa, él le agarra, hace que se siente y comienza a leer. ¡Puede leer! ¡Qué orgulloso se siente usted! Puede leer, ¡maravilloso! Usted nunca pensó que lo lograría, pero lo consiguió; ahora puede leer todo el libro. ¡Nunca supimos cuánto memorizaban nuestros hijos para engañarnos! Pero, en fin, estaban leyendo.

Supongamos que diez años más tarde entra —ahora con unos diecisiete— y dice: "Mami, papi, ya puedo leer mejor. Aquí dice: 'el gato es rojo'".

Es probable que usted le diga a su cónyuge: "Pienso que debemos hacer algo por este muchacho. Creo que lo mejor es llevarlo a algún lugar donde lo enseñen a leer bien".

A causa de eso, precisamente, es que el Espíritu Santo escribió el libro de Hebreos. Él dijo: "Dejemos a un lado las enseñanzas elementales". ¿Por qué quedarse donde está y permanecer para siempre absorto en los fundamentos de la religión? Excusamos cualquier cosa repitiendo: "Es que debes nacer de nuevo". Podemos montar cualquier espectáculo y decir: "Ahora, tienes que nacer de nuevo", los primeros principios una y otra vez. El Espíritu Santo dice: "Por eso, dejando a un lado las enseñanzas elementales acerca de Cristo, avancemos hacia la madurez. No volvamos a poner los fundamentos, tales como el arrepentimiento de las obras" (6:1), y así sucesivamente: "Sino que vayamos adelante a la perfección".

Ahora bien, ¿cómo avanzaremos?

En busca de la perfección

La perfección implica madurez. Así como cuando su hijo tiene veintiún años y ya tiene su título universitario, es tan saludable como cualquiera, de buen carácter y equilibrado, de manera que usted se siente orgulloso de ese muchacho tan grande. Lo que le ha pasado es que ha madurado, nada más. Pero no es perfecto. Entre a su habitación por la mañana y mire si lo que ve tirado en el piso es perfecto. Lo que se le sale del pantalón, lo deja por ahí y los zapatos por allá. No es perfecto; pero es maduro. Ha llegado a su madurez ahora y usted está contento. Se siente bien y, si usted es cristiano, le da gracias a Dios porque su hijo se mantiene alto, firme, maduro y saludable.

Eso es lo que quiere decir el Espíritu Santo. No significa convertirse en un santo de cera sin una pizca de imperfección, sin una sola mancha en el alma. Significa madurar en Dios. Crecer en Dios para que ya no sea un bebé que necesita ser entretenido con los primeros principios. Ahora está creciendo en Dios, convirtiéndose en un cristiano fuerte, aprendiendo a llevar cargas pesadas en el Espíritu Santo, a orar eficazmente, a sufrir con el mundo y con la iglesia, y a llevar la cruz.

¿Cómo hago esto? Permítame que le brinde varias sugerencias.

La primera es que tome una decisión. Decida. Con una decisión no puede salvarse a sí mismo, pero puede decidir ser salvo y optar, después de ser salvo, por avanzar con Dios. Hasta que no tomemos una decisión firme, Dios no obrará con nosotros. Pero si lo hace, será para llevarnos a tomarla. Así que decídase. Amarre los cabos sueltos y prepárese.

Cuando a un joven lo llaman al ejército, recibe una bonita carta —elegantemente redactada, de tono fraternal y amable— que dice lo mismo que muchas otras: "Estás reclutado". Antes de irse al campo de batalla, ese joven arregla su habitación, tiene un último encuentro con su novia y va al lugar donde va a pasar un rato; habla con los amigos y les dice: "Bueno, nos vemos en dos años". Se prepara. Se despide y se alista.

El caso del cristiano es que debe decidir avanzar con Dios, crecer en Dios y aprender los asuntos profundos, elevados y sublimes de Él. Debe decirse: "Ya he pasado suficiente tiempo jugando en el jardín de infantes. He sido un cristiano de kindergarten por largo rato. Quiero crecer hasta poder entender de qué habla Dios y comprender las cosas altas y sublimes del Espíritu".

La segunda sugerencia es que deseche las cosas que no son propias de Cristo. Aparte los hábitos y actos que no son pertinentes a Él; sofoque los deseos que no se parezcan a los de Cristo; abandone los planes que no sean dirigidos por Cristo y deshágase de los escollos, pensamientos y patrones mentales que no le agradan a Él.

La tercera es ocuparse profundamente en las Escrituras, la Palabra de Dios. Este Libro divino es algo poderoso, realmente potente. Si lo lee, le rescatará y le llevará adelante. Cuando cantamos el estribillo que dice: "Parte tú el pan de vida", lo que hacemos es orar para que Dios nos dé entendimiento de las Escrituras. Y luego, llevándolo un poco más allá y elevándolo a su fase mística, decimos: "Señor, cuando tomamos la Comunión (Santa Cena), parte tú el pan para mí". Es lo mismo. Así que ocúpese en las Escrituras. No solo lea un capítulo de vez en cuando; léalas hasta que aviven su corazón. Léalas hasta que comiencen a hablarle. No hemos leído verdaderamente la Escritura hasta que comienza a hablarnos; solo creemos que lo hemos hecho. Así que ocúpese en las Escrituras. Obtenga una Biblia de letra grande, le recomiendo la Biblia El Mensaje; aunque hay otras buenas versiones. La Biblia El Mensaje siempre es una buena versión básica para tener a mano y confiar en ella.

La cuarta sugerencia es que tome su cruz. Aprenda a sufrir un poco por causa del Señor. La razón por la que los comunistas están avanzando poco a poco ante nosotros, en el mundo occidental, es que amamos demasiado nuestras comodidades. [Sermón predicado originalmente a inicios de los años 1960]. Ellos no buscan comodidades; buscan la victoria.

Un amigo mío fue a ver a un hombre que era el jefe de una célula comunista, en una sede de su localidad donde distribuían literatura de esa ideología. El comunista le dijo: "Pase, reverendo, y siéntese". Él entró y se sentó. "Ahora, nosotros somos comunistas —lo sabe— y usted es ministro. Por supuesto, a nivel ideológico, estamos a kilómetros de distancia el uno del otro. Pero quiero decirle algo. Aprendimos nuestra técnica del Libro de los Hechos". Dijo: "Aprendimos cómo ganar y conquistar leyendo su Libro de los Hechos". Y añadió: "Ustedes, que creen en la Biblia, han desechado los métodos de la iglesia primitiva, y nosotros —que no creemos en ella— los hemos adoptado, ¡y nos están dando buenos resultados!".

¿Cuál era el método? Era uno muy sencillo, el de la iglesia primitiva. Consistía en ir a testificar, entregar todo al Señor, rendirlo todo a Dios y llevar la cruz, aceptando las consecuencias. El resultado fue que, en los primeros cien años de la Iglesia cristiana, todo el mundo conocido fue evangelizado. Hoy no lo sabemos porque nuestros misioneros nos dicen —o al menos dejan la impresión— que hay partes del mundo que no fueron evangelizadas. Toda parte del mundo conocido fue evangelizada unos cien años después de la resurrección de nuestro Señor.

La siguiente sugerencia es que ponga a Cristo en el centro de su enfoque, así que haga del Señor Jesucristo su foco de atención.

> Muéstrame tu rostro,
> cual destello fugaz de hermosura divina.
> Y nunca pensaré ni soñaré
> en ningún amor que no sea el tuyo.

Por tanto, abra su corazón al Espíritu Santo y estoy seguro de que Dios le hará avanzar. Y recuerde, esto no es algo trivial. Es una necesidad: que abandonemos los primeros principios, dejemos atrás la niñez y avancemos hacia Dios; esa es una necesidad básica.

> "Una vez que las personas han visto la luz, han saboreado el cielo y han sido parte de la obra del Espíritu Santo, cuando han experimentado en lo individual la pura bondad de la palabra de Dios y el poder que nos quebranta, si después dan la espalda y se olvidan de todo, entonces, no pueden comenzar de nuevo como si nada hubiera sucedido. Es imposible"
>
> —Hebreos 6:4, 6 BEM

Así que esta doctrina, esta enseñanza, esta exhortación del Espíritu Santo a dejar los primeros principios y avanzar hacia la perfección no es para hacer santos de lujo. Es para hacer santos consagrados a su Señor; lo cual es una necesidad absolutamente básica en la vida cristiana.

CAPÍTULO 2

ÉL ES UN AMANTE CELOSO

Sin embargo, todo aquello que para mí era ganancia, ahora lo considero pérdida por causa de Cristo. Es más, todo lo considero pérdida por razón del incomparable valor de conocer a Cristo Jesús, mi Señor. Por él lo he perdido todo y lo tengo por estiércol, a fin de ganar a Cristo y encontrarme unido a él. No quiero mi propia justicia que procede de la Ley, sino la que se obtiene mediante la fe en Cristo, la justicia que procede de Dios, basada en la fe. Lo he perdido todo a fin de conocer a Cristo, experimentar el poder que se manifestó en su resurrección, participar en sus sufrimientos y llegar a ser semejante a él en su muerte. Así espero alcanzar la resurrección de entre los muertos. No es que ya lo haya conseguido todo o que ya sea perfecto. Sin embargo, sigo adelante esperando alcanzar aquello para lo cual Cristo Jesús me alcanzó a mí. Hermanos, no pienso que yo mismo lo haya logrado ya. Más bien, una cosa hago: olvidando lo que queda atrás y esforzándome por alcanzar lo que está delante, sigo avanzando hacia la meta para ganar el premio que Dios ofrece mediante su llamamiento celestial en Cristo Jesús. Así que, ¡escuchen los perfectos! Todos debemos tener este modo de pensar. Y si en algo piensan de forma diferente, Dios les hará ver esto también.

—Filipenses 3:7-15 NVI

A fin de tratar el tema del éxito espiritual, recurro a la ayuda de un libro que tiene 600 años de antigüedad, titulado *La nube del no saber*. Baso mi enseñanza en el Nuevo Testamento, pero permito que este antiguo autor nos ayude un poco en el trayecto. He aquí un lema de esta antigua obra devocional para que la considere: "Su amor es tan celoso que no tolera rivales".

El apóstol Pablo escribió: "... a fin de *conocer* a Cristo, experimentar el poder" (Filipenses 3:10 NVI). La palabra "conocer" significa estar familiarizado o tener familiaridad; también representa el verbo "experimentar". Usted puede estar familiarizado con una persona y, sin embargo, no haberla experimentado en ningún sentido. Si yo le presento, por ejemplo, a un amigo de toda la vida, usted podría decir: "Sí, lo conozco". Pero no lo ha experimentado como yo, corriendo con él, viajando en su coche, predicando con él, yendo de un lugar a otro juntos, hablando con él muchas veces y orando con él. Hay una diferencia entre familiaridad y experiencia.

Llegar a estar familiarizado con Dios es una cosa; pero avanzar a fin de experimentar a Dios en una rica e intensa familiaridad es algo más. Pablo dijo: "Lo he perdido todo a fin de conocer a Cristo, experimentar el poder...". Como he recalcado muchas veces, la personalidad no se puede conocer a plenitud en un solo encuentro. Usted puede conocer a algunas personas que al principio no le agradan mucho. Sin embargo, un poco más tarde —al saber más de ellas— comienza a apreciarlas porque descubre el potencial oculto en sus personalidades, lo que para usted era desconocido hasta ese momento. La buena noticia es que Cristo es capaz de establecer una creciente intimidad y familiaridad con usted.

No se estanque, avance

Si tengo algo que decirle a la Iglesia de Cristo en general, es lo siguiente: nuestra gran debilidad es que no solo no estamos avanzando para conocer a Cristo y establecer una rica e íntima familiaridad, sino que ni siquiera hablamos de eso. Ese anhelo, ese deseo de conocerlo en medida creciente no se oye en nuestro entorno. No aparece en nuestras revistas. No se menciona en nuestros libros. No se dice en nuestras radios. No se escucha en nuestras iglesias. Mucho menos en las emisoras televisivas. Es tal el asunto que podemos disfrutar una creciente familiaridad con "eso".

Es probable que usted diga: "Pero cuando hablamos de Jesucristo nos referimos a Él, a una persona, porque eso es: una Persona. Entonces, ¿por qué usted lo llama 'eso'?". Puede que no me entienda ahora, pero Pablo declara: "Si otra cosa sentís, *esto* también os lo revelará Dios" (3:15 RVR1960, énfasis del autor). Antes de que podamos conocer a Dios como "Él", debemos conocerlo como "esto". Creo que cualquier teólogo estaría de acuerdo conmigo. Además, en el libro de Lucas encuentro estas palabras dirigidas a la virgen María: "El santo ser que nacerá [de ti]" (1:35). Y Juan, no un teólogo aficionado sino el hombre que había recostado su cabeza sobre el pecho de Jesús, comienza su maravillosa primera epístola hablando de "eso": "Lo que era desde el principio, lo que hemos oído, lo que hemos visto con nuestros ojos, lo que hemos contemplado, y palparon nuestras manos... el Verbo de vida" (1 Juan 1:1 RVR1960). Aún no aparece la personalidad allí. "(Porque la vida fue manifestada, y la hemos visto, y testificamos, y os anunciamos la vida eterna, la cual estaba con el Padre y se nos manifestó); lo que hemos visto y oído, *eso* os anunciamos, para que también vosotros tengáis comunión con nosotros; y nuestra comunión verdaderamente es con el Padre y con su Hijo Jesucristo" (1:2-3, énfasis del autor). No es sino hasta las últimas dos líneas del versículo 3 que introduce la personalidad, antes de lo cual aparece "eso".

Recuerden, mis amigos, Jesucristo, aunque es una Persona y es el eterno Hijo de Dios, también es "eso" que es la fuente de todo. Él es "eso" que constituye el fundamento y el origen de todo, aquello para lo cual usted y yo fuimos creados a fin de disfrutarlo. Él es la fuente de toda verdad; pero es más: Él es la verdad misma. Es la fuente y el manantial de toda belleza; pero es más, es la belleza misma. Es la fuente de toda sabiduría; pero es más, es la Sabiduría en persona, y en Él están escondidos todos los tesoros de la sabiduría y del conocimiento. Él es la fuente de toda gracia. Es la fuente y el origen de toda vida. Pero es más que eso. Él dijo: "Yo soy el pan de vida" (Juan 6:35) y "Yo soy ... la vida" (11:25). Él es la fuente del amor; pero es más que eso: es el amor. Él es la resurrección. Él es inmortalidad y es, como dice el himno, "el resplandor de la gloria de mi Padre, el brillo del rostro de mi Padre".

Intentamos descubrir qué anda mal con nosotros cuando comenzamos a descarriarnos en grupos, denominaciones, iglesias y hasta entre individuos. Creo que nuestro Señor Jesús dio en el blanco cuando afirmó: "Has dejado tu primer amor" (Apocalipsis 2:4). No tu primer amor consecutivo, en el sentido de amor #1, amor #2, amor #3; sino "tu primer amor".

Lo que predico, para tratar de producir en la Iglesia de Jesucristo, es un redescubrimiento de la hermosura del Salvador, para que podamos comenzar a amarlo nuevamente con la intensidad y el amor que nuestros padres conocieron. He dicho antes, y lo repito ahora, que el poder y la grandeza de Albert Benjamin Simpson no residían en su teología, pues no era un gran teólogo comparado, por ejemplo, con Juan Calvino o algunos otros. El poder y la grandeza de ese hombre residían en su amor inextinguible por la Persona de Jesucristo el Señor.

Hay un himno que cantamos del cual quiero citar dos estrofas muy conocidas. La primera dice:

Jesús, el más hermoso,
Soberano de toda la creación,
Oh tú, Hijo de Dios y del hombre.
A ti te apreciaré,
A ti te honraré,
Tú eres la gloria, el gozo y la corona de mi
alma.

Conocemos esa y otras dos, pero hay algunas que no conocemos, de las cuales tenemos la siguiente:

Bellas son las flores,
bellos son los hijos de la tierra,
cuando se contemplan en este día nublado
por el sol.
Sin embargo, deben perecer,
Todo desaparecerá pronto,
Solo Jesucristo permanece para siempre.

Observe el mundo, a su familia, sus amigos, sus seres queridos, toda la hermosa belleza de los niños y los jóvenes contemplada en un nublado día de la tierra. Y, sin embargo, la franqueza y el realismo nos obligan a decir: "Pero deben perecer, todo —pronto— desaparecerá". Y cuando hayan desaparecido, solo tenemos a Jesús, "el único que permanece para siempre".

La hermosura más pura de la tierra,
el esplendor más brillante del cielo,
quien contempla revelado a Jesucristo
ve que todo lo que aquí resplandece

pronto decae
ante su inmaculada pureza.

Hay los que quieren inquietarle porque usted no puede entusiasmarse con las cosas materiales. A un amigo mío le molestaba mucho que yo, simplemente, no me emocionara ni me apasionara por las cosas terrenales. Es que no puedo hacer eso. No puedo detenerme y adoptar una actitud de asombro ante un Cadillac o un Mercedes Benz ni ante cualquier otra cosa. No puedo. Las casas que están construyendo y que se supone que son tan lindas, no me emocionan. Cuando has visto la casa o la ciudad que tiene fundamentos, cuyo arquitecto y constructor es Dios (Hebreos 11:10), ya no puedes emocionarte por ninguna otra casa que un hombre haya construido en este mundo. No puedes emocionarte por eso. Abraham vio la ciudad que tenía fundamentos, cuyo arquitecto y constructor era Dios, y no quiso edificar una casa después de eso. Por lo que dijo: "Nunca voy a tratar de imitar nada; viviré en una tienda hasta que tenga mi casa allá arriba". Era muy hermosa. Bueno, "la hermosura más pura de la tierra, el esplendor más brillante del cielo" están todos revelados en Jesucristo. Y "todo lo que aquí resplandece pronto decae ante su inmaculada pureza". Eso es lo que un hombre dijo acerca de Jesús.

Conocer a Jesús tiene precio

Quiero decirte que conocer a Jesucristo de esa manera es costoso. Cuesta, pero la mayor parte de la gente no está dispuesta a pagar el precio. Por eso la mayoría de los cristianos son personas comunes. No avanzan porque, han renunciado a las cosas malas por causa de Cristo; es decir, cosas que son perjudiciales, impuras y grotescamente pecaminosas; pero no están dispuestos a renunciar a "las cosas buenas". Todos los fundamentalistas hemos abandonado las cosas grotescamente pecaminosas. Todos concordamos en cuáles son esas cosas severamente obscenas. Nos estremecemos al pensar en un bar ruin, aunque hay algunas iglesias y tabernáculos en los que no notarías la diferencia si alguien no gritara "Jesús" —de vez en cuando— para darle una apariencia santa al lugar. Nos mantenemos fuera de esos escenarios inmorales.

Hay ciertas cosas que no hacemos y, por amor a Cristo, hemos renunciado a esas cosas malas. Pero esto es lo que caracteriza a un cristiano común; sin embargo, el hombre que nunca pasa de eso es un cristiano mediocre. Pablo renunció a lo bueno junto con lo malo. Él dijo: "No solo he dejado lo malo, sino que lo que para mí era ganancia lo he considerado pérdida". Dejó las cosas a las que tenía derecho, las que eran ganancia para él y por las que tenía todo derecho moral y legal de decir: "Esto es mío y el cristianismo no me lo va a quitar". Pablo declaró: "He renunciado incluso a eso porque he visto algo mucho mejor. Eso que estaba con el Padre. Esa Fuente, ese Manantial del cual fluye toda sabiduría, belleza, verdad e inmortalidad. Así que por causa de 'eso', lo he dejado todo". Pablo sabía que el corazón humano era idólatra y que adoraría cualquier cosa que poseyera. Cualquier cosa que usted tenga en su mano, la adorará.

Así como el niño se lleva su osito de peluche a la cama, nosotros los adultos también tenemos nuestros "ositos de peluche". Somos demasiado grandes y maduros, claro, como para que nos sorprendan llevando un osito o una muñeca a la cama. Tenemos lo que para Dios debe parecer ositos y muñecas. Y nos aferramos a ellos. Un bebé, por supuesto, tiene derecho a ello. Lo creo. Durante años tuvimos ositos de peluche rondando por la casa hasta que nuestros hijos los dejaron, y ya estaban bastante grandes cuando hicieron eso. Pero el punto que quiero resaltar es que nosotros —los mayores, las personas maduras, incluso gente en sus años de adolescencia—, cuando insistimos en aferrarnos a las cosas, lo más probable es que las adoraremos.

Usted va a adorar eso a lo que se aferra, porque se interpone entre Dios y usted; ya sea bienes, familia, reputación, seguridad o su propia vida. Jesús enseñó que no podíamos aferrarnos ni siquiera a la vida misma. Si hacíamos de nuestra existencia en la tierra algo que no quisiéramos entregar y a lo cual nos aferráramos, ello se interpondría en nuestro camino y nos perderíamos por eso.

Luego está el afán de tener seguridad. Queremos estar seguros. Pablo no estaba seguro. Él dijo que moría cada día. Fue sacudido por el mar durante tres semanas, día y noche, y siempre estaba en dificultades. Nosotros, sin embargo, anhelamos la seguridad: en esta vida y en la eterna, en el mundo venidero. Hermanos, Pablo dijo: "Renuncio a todo. Rehúso y desecho todo".

Tesoros que afectan su corazón

Hay ciertas cosas que Dios aprobó que Pablo tuviera. En una ocasión, le permitió tener uno o dos libros, un abrigo y su propia casa alquilada durante dos años. Le permitió tener algunas cosas; pero Pablo nunca permitió que esas cosas ataran su corazón. Cualquier tesoro externo que ate su corazón es una maldición.

Pablo dijo: "Renuncio a ello para poder conocerlo. Para avanzar hacia una intimidad profundamente enriquecedora y un abundante conocimiento de aquel cuya hermosura es ilimitada. Por eso, para conocerlo, renuncio a todo esto". El apóstol nunca permitió que nada afectara su corazón.

En los últimos años se nos ha enseñado, en nuestros círculos cristianos, que Cristo es la añadidura a una vida terrenal feliz, jovial, bastante limpia pero mundana, cuyo objetivo es salvarnos del infierno y llevarnos a las mansiones celestes. Sin embargo, ese no es el modo en que el Nuevo Testamento ve las cosas. No es, en absoluto, la manera en que Pablo las veía. Él consideraba a Jesucristo tan infinitamente atractivo que no creía que nada más valiera la pena. Pablo era un hombre instruido. Había aprendido a los pies de Gamaliel. Tenía lo que hoy llamaríamos un doctorado. Pablo dijo: "Todo eso es estiércol". Usó una palabra fea: "estiércol". Dijo: "Eso no sirve; lo dejo atrás". Además, explicó: "Soy de la tribu de Benjamín, circuncidado al octavo día y pertenezco a los padres. Tengo las marcas en mí y mi nombre está en el registro, y puedo mostrarte quién soy.

Pero por causa de Jesucristo, considero eso como nada. Lo pongo bajo mis pies”.

Algunos de ustedes están orgullosos de su sangre holandesa o estadounidense, por lo que —todo el tiempo— son carnales. Otros lo están por su sangre sueca, y por eso son carnales todo el tiempo. Aun otros sienten orgullo por provenir de alguna otra sangre. No obstante, toda la sangre es del mismo tipo: corrupta. No importa si proviene de la realeza o personas de los suburbios marginales; es sangre corrupta. Estamos orgullosos de cosas y de lo que podemos hacer. Pablo dijo: “Todo —lo que más me enorgullecía, aquello de lo que más orgulloso estaba— lo considero pérdida”.

El cristianismo actual afirma: “Deja de apostar o habrá consecuencias graves. Deja de beber o caerás borracho de poder como los de Roma. Deja de actuar de esta u otra manera”. Usted puede escoger esas cosas feas y grotescas que nadie quiere hacer si está en su sano juicio. Eso es todo lo que hay. Pablo dijo: “Yo dejé eso hace mucho tiempo”. Él ni siquiera pensaba en esas cosas. Era un judío de buena conciencia, por lo que no tuvo que dejar nada de eso. Por eso a veces sonrío, hasta con cierto sarcasmo, cuando escucho a alguien testificar que bebía y se emborrachaba hasta que fue salvo y dejó todo eso. Ah, claro, es bueno que dejara de beber, pero eso debería ser lo sensato. Además, como si fuera poco, escribe un libro sobre lo malo que era y la maravilla que hizo el Señor con su miserable vida. Y pienso: “Quédese con su libro. Ya tengo suficiente que leer”.

Dejemos que este viejo escritor de *La nube del no saber* nos hable un poco. Él afirma: "Mas una cosa les digo: Él es un amante celoso y no tolera rivales". Ahora, hermanos, eso es lo que —en realidad— nos pasa. Estamos permitiendo que surjan los rivales. Ningún hombre decente —nadie que tenga algo de respeto por sí mismo— va a soportar que aparezca un rival. Por lo que el escritor antiguo afirma: "Dios no va a tolerar un rival". Y eso, en castellano moderno, significa que Dios no obrará en la voluntad de usted a menos que Él sea su única Deidad, sin competencia.

Demasiados dioses

Tenemos muchos... demasiados dioses. Tratamos de hacer demasiadas cosas al mismo tiempo. Así como tenemos demasiada teología que ni siquiera entendemos. Tenemos demasiada religión y excesivo legalismo eclesiástico, exagerado institucionalismo y demasiada religiosidad. El resultado es que Dios no es el único que vive en usted. A lo que Él dice: "Si no estoy en tu corazón solo, no obraré". Cuando Jesucristo haya limpiado todo del templo y habite allí solo, entonces ha de obrar.

François Fénelon, el místico francés, escribió acerca de la obra de Dios refiriéndose a ella como el trabajo de un minero en las profundidades de la tierra. ¿Alguna vez ha estado usted en una mina de carbón? Allá abajo, en lo profundo, hay hombres extrayendo carbón, oro o diamantes, mientras cualquiera puede volar por encima de esas profundidades, caminar por la tierra que las cubre o viajar por encima sin siquiera soñar lo que está ocurriendo en esas profundidades; sin saber jamás que hay una fuerza inteligente trabajando para sacar minerales preciosos que luego serán joyas. Fénelon dijo que eso es lo que Dios hace en el pecho humano. Él obra oculto y sin ser visto dentro del corazón.

Nosotros, sin embargo, somos muy dramáticos en nuestro tiempo. No queremos que Dios obre a menos que se aparezca como deseamos verlo, interpretando un papel. Queremos que sea algo teatral y que haga las cosas con bastante colorido y fuegos artificiales. Dios no actuará así. Dios dice: "Hijos de Adán, hijos de la carnalidad y de la lujuria, ustedes que aman un espectáculo lujurioso, ustedes que han sido criados de manera errada y tienen ideas erróneas acerca de mi Hijo, no obraré en ustedes". Jesús dijo: "No puedo hacer eso. Lo siento; no puedo obrar en ustedes ni morar en su corazón a menos que sea el único que more allí solo".

Lo que algunos de ustedes deben hacer es limpiar el templo. Tienen que ponerse a trabajar para despejarlo: echar fuera el ganado, volcar las mesas de los cambistas, sacar la basura y deshacerse de muchas cosas que están compitiendo con el Señor Jesucristo. He aquí mi lema: "Él es un amante celoso y no tolera rivales".

El autor de *La nube del no saber* continúa diciendo: "Eleven ahora su corazón a Dios impulsados por amor, ya que nada más funciona. Rehúsen pensar en cualquier otra cosa que no sea el propio Dios". Por tanto hermano, que nada obre en su entendimiento ni en su voluntad —como tampoco en su mente ni en su corazón— excepto Dios mismo.

Nada excepto Cristo

A. B. Simpson hablaba de "Él mismo" y con eso estremeció y bendijo a una generación. Él dijo: "Jesús mismo. A Él mismo es a quien necesitamos". Es interesante ver cómo surgieron el sermón y el himno "Himself" [Él mismo]. El Dr. Simpson fue a Londres, Inglaterra, a una conferencia bíblica. Allí se expusieron tres sermones sobre la santificación y él predicó el último. Aquel era un lugar difícil. El primer predicador se levantó y dijo que la manera de ser santo y victorioso era suprimir al viejo hombre; enseñaba "supresión". El siguiente expositor predicó y enseñó "erradicación". Dijo que la liberación de la vida carnal se lograba erradicando al viejo hombre: arrancándolo y exponiendo sus raíces al sol para que muriera.

El Dr. Simpson tenía que ubicarse entre los dos expositores. Así que se levantó y tomó dos palabras como título del sermón: "Él mismo". Habló de su testimonio sobre cómo había intentado obtener la victoria. Dijo: "A veces la obtenía y pensaba que ya la tenía, para entonces perderla". Luego dijo: "Cuando llegué al conocimiento de que la victoria, la santificación, la liberación, la pureza, la santidad, todo ello es Él mismo, fue fácil y la gloria de Dios cubrió mi vida". Creo que aquella exposición fue una hermosa obra de diplomacia, una manera sabia de tratar el asunto y una excelente teología. A partir de eso escribió su famoso himno:

> Antes era la bendición,
> Ahora es el Señor;

Antes era el sentimiento,
Ahora es su Palabra;
Antes deseaba su don,
Ahora poseo al Dador;
Una vez busqué sanidad,
Ahora solo a Él mismo.

Debe haber más de Él mismo en estos días.

El cristianismo se ha convertido en una forma de obtener cosas de Dios. Por ejemplo, damos el diezmo para que nuestros nueve décimos rindan más que nuestros diez décimos. Según los negocios, eso te llevaría a hacerlo, ¿no? Eso no es espiritualidad, solo es negocios. Y si un hombre quiere ser un empresario y usar a Dios, bueno... está bien. Pero eso no es lo que enseña la Biblia ni lo que Pablo enseñó. El apóstol había abandonado todo eso años atrás. Tampoco es lo que enseñó el antiguo autor de *La nube del no saber*. Él decía: "Solo es Él mismo".

No estoy condenando a mis buenos hermanos de la Fraternidad Internacional de Hombres de Negocios del Evangelio Completo ni a mis queridos amigos que editan su revista, pero sí digo que están en peligro. Los hombres de negocios cristianos pueden llegar a pensar que el cristianismo es un modo de tener una empresa próspera aquí abajo y una mansión en el cielo; de cualquier manera ganan. Pueden llegar a pensar que si uno sigue al Señor, prosperará aquí en la tierra.

Seguir al Señor no siempre representa eso. De hecho, yo diría que rara vez significa tener prosperidad financiera. Pero lo que —en verdad— representa seguir al

Señor ha sido, a través de los años, "estimar todas las cosas como pérdida por la excelencia del conocimiento de Cristo Jesús, mi Señor" (ver Filipenses 3:8). Y cuando alguien prospera a pesar de sí mismo, la manera en que resuelve eso es dando todo, o al menos tanto como puede. Conserve lo suficiente para vivir, dé gracias a Dios porque sigue aquí, cuerpo y alma sostenidos, con un lugar donde vivir y un automóvil para llevarlo a la iglesia y al trabajo; pero más allá de eso, no se preocupe mucho.

Hemos convertido el cristianismo en una técnica para obtener cosas. Pablo no hizo eso, él sabía algo mucho mejor. Por lo que dijo: "Es más, todo lo considero pérdida por razón del incomparable valor de conocer a Cristo Jesús, mi Señor. Por él lo he perdido todo y lo tengo por estiércol, a fin de ganar a Cristo ... Lo he perdido todo a fin de conocer a Cristo, experimentar el poder que se manifestó en su resurrección" (3:8, 10a NVI). Todo es Él mismo. En cuanto a cualquier otra cosa en esta vida, el autor de *La nube del no saber* indica: "Déjalas y no pongas atención a ellas".

Por eso no puede avanzar en su vida cristiana. Por eso algunos de ustedes que leen esto van a dejar este libro a un lado, porque estamos llegando demasiado cerca de donde ustedes viven. Les gustaría tener una vida más profunda que pudiera dárseles con una jeringa o con un vaso de agua y una pastilla. Algo como "Tome una píldora tres veces al día". Eso, simplemente, es imposible. Pero así es como algunas personas reciben su religión. La quieren en forma de píldora, por eso compran libros. Hermanos, no existe tal cosa. Esto tiene que ver con una cruz, con una horca; esto se trata de un Hombre con heridas en la espalda, de un apóstol sin propiedades. De una tradición de soledad, cansancio, rechazo y gloria. Pero nada hay píldoras. Es solo Él mismo, Él mismo, Él mismo.

Me gustaría ver en algún lugar o vislumbrar una vez más antes de morir, la gloria que los hombres conocían de la hermosura de Jesús. Un viejo hermano dijo esto al respecto:

> Muchos nombres hermosos tienes:
> Hermano, pastor, amigo y rey,
> pero ninguno a mi espíritu
> tal apoyo divino da.
> Ishi, Ishi, es la joya,
> Mío es Él mientras los siglos corran.
> Los ángeles no gustan de tal gloria,
> Santo Ishi del alma.
> Otros gozos son breves y fugaces;
> Tú y yo jamás podremos separarnos.
> Eres encantador, por completo,
> Ishi, Ishi de mi corazón. (Ver Oseas 2:16).

Ellos solían cantar eso. ¿Dónde se podría cantar ahora? Creo que aquí podríamos, pero no hay muchos lugares donde se pueda cantar, porque la gente no tiene la experiencia que ello expresa y encarna. Siempre que se rechaza un buen himno, es porque la gente no lo entiende y lo considera aburrido. Si te gusta el *rock 'n roll*, no te gustará "Ishi". Y si te encanta una balada cristiana, no te gustará "Ishi". Y si te agrada la canción

"Load a Dios", no te gustará "Ishi". "Ishi es la joya. Mío es Él mientras los siglos corran. Los ángeles no gustan de tal gloria. Santo Ishi del alma".

La vida más profunda

Esta es la enseñanza de la vida más profunda: "poner lejos todas las criaturas que Dios haya hecho" y dejar de intentar promover a la familia de usted. Deje de intentar promover su negocio y usar a Dios para ello. Deje de intentar de promover cualquier cosa y usar a Dios para lograrlo; aparte todo excepto a Dios. "Porque Él no quiere obrar en su corazón a menos que pueda estar allí solo". Así que deseche todo lo demás.

Algún joven predicador estudiará a tal punto que tendrá que usar lentes gruesos para cuidar su vista deteriorada porque quiere convertirse en un predicador famoso. Quiere usar a Jesucristo para hacerse un evangelista reconocido. Ese no es más que un mercader que compra, vende y obtiene ganancias. Lo ordenarán y será conocido como "Reverendo" y si escribe un libro, le darán un doctorado. Tal vez será conocido como "doctor", pero seguirá siendo un mercader, comprando, vendiendo y obteniendo ganancia. Pero cuando el Señor regrese, lo expulsará del templo junto con el resto del ganado.

Podemos usar al Señor para cualquier cosa —o intentar usarlo. Pero lo que estoy predicando, lo que Pablo enseñó, lo que fue transmitido a través de los años y lo que dio aliento al movimiento misionero moderno al cual usted y yo pertenecemos fue justamente lo contrario: "Oh Dios, no queremos nada de lo que tienes, Te queremos a ti". Ese es el clamor de un alma en ascenso.

En Inglaterra hay un pájaro llamado alondra. La alondra vuela muy alto y, mientras asciende, canta. Por ello, los poetas han dicho que la alondra asciende y canta himnos en la puerta del cielo. Esa avecilla se eleva hasta que se pierde de vista, pero aún puede oír el canto a lo lejos aunque ya no vea al ave. La alondra asciende y canta mientras sube. Mis amigos, de eso estoy predicando. Pero eso es lo que la mayoría de la gente no quiere.

Otra cosa que un hombre dijo en cuanto a Dios fue esto, que siempre me ha gustado citar:

> El amor reposa en los párpados divinos y
> esparce deleite
> por todas las vastas regiones celestes.
> Los querubines cubren sus rostros ante la
> presencia de Él
> y tiemblan con arrebatos de amor.

Esa gente que necesita camiones cargados de equipos de sonido para poner en marcha la actividad de su religión, ¿qué harán cuando no tengan nada de eso? El camión no puede llegar a donde ellos van.

Escuché a un hombre jactarse en la radio invitando a su actividad porque iban a traer unos equipos de Pensilvania y Ohio para servir al Señor. Hermano, ¿qué equipo necesita usted para servir al Señor? Las queridas ancianitas de las reuniones campamentales solían decir: "Miren, esta es mi arpa de diez cuerdas, con las que alabo al Señor". Y aplaudían con sus manos arrugadas mientras sus rostros resplandecían. ¿Qué "aparatos" necesita usted? ¿Necesita un canasto lleno de cosas para servir al Señor?

Hermano, si tiene dos rodillas, aunque esté tan afectado por la artritis que es incapaz de arrodillarse, puede elevar su corazón. Porque orar no es arrodillarse, orar es elevar su corazón hacia Dios. Eso es todo lo que la persona necesita. Puede orar en una prisión, puede orar en un avión, puede orar en un barco; puede orar en cualquier lugar y puede adorar a Dios, porque lo que queremos es Él mismo, Él mismo.

> El amor reposa en los párpados divinos y
> esparce deleite
> por todas las vastas regiones celestes.
> Los querubines cubren sus rostros ante la
> presencia de Él
> y tiemblan con arrebatos de amor.

El único tipo de avivamiento en el que estoy verdaderamente interesado es aquel que hace que la gente tiemble de arrebato en la presencia del Señor Jesucristo.

He estado leyendo el libro de Proverbios en mis devocionales de cada día y he llegado al capítulo trece. Sonreí un poco cuando leí el cuarto versículo: "El alma del perezoso desea y nada alcanza". En la Septuaginta, la antigua versión griega traducida al castellano, dice: "Todo perezoso se ocupa en desear". La traducción

Knox dice: “El ocioso quiere y no quiere al mismo tiempo”.

Ahora bien, ahí tenemos a muchos cristianos. Los perezosos. Y aunque he sido estudiante toda la vida, nunca consideré esa palabra “perezoso” en su justo valor. La busqué para saber qué era exactamente un perezoso. Bueno, leí que ese término proviene de una especie de molusco (babosa) en forma de caracol aerodinámico. De esos que cuando se arrastran, avanzan como un kilómetro por década. Solo se deslizan dejando una estela húmeda detrás de ellos. Eso es una babosa. Se supone que alguien debe haber comparado a un individuo que no quería trabajar con la babosa perezosa.

Y la Biblia dice que “todo perezoso se ocupa en desear”. Va a la iglesia, corre de un lado al otro de la ciudad para oír a un nuevo evangelista, esperando convertirse en un hombre espiritual, pero es demasiado perezoso; es una babosa. “Quiere y no quiere al mismo tiempo”, como dice Knox. Así son muchos cristianos. ¿Y qué puede usted hacer con ellos? ¿Acaso puede despertarlos? Yo no puedo. He intentado todo lo que he podido y, simplemente, no puedo despertar a la gente. Los perezosos seguirán siendo así hasta que el Señor venga, supongo.

Sin embargo, creo que algunos de ustedes van a obtener alas y deshacerse del caparazón. Les diré esto: si algunas mujeres mantuvieran su casa como mantienen su alma, estarían camino al divorcio. Sus esposos no se quedarían con ellas. Y si algunas personas llevaran su negocio como llevan su alma, irían a la bancarrota.

Su respuesta

¿Cuál es su respuesta? El viejo hermano de *La nube del no saber* dice esto, lo que encuentro verdadero: Si decide continuar ahora y conocer a Dios, si va a levantarse, a activarse y a elevar su corazón a Dios, si aparta las cosas y el deseo de tener propiedades y bienes, y busca solo a Dios, y va a permitir que Él obre en usted sin ningún rival, "todos los demonios [del infierno] se enfurecerán cuando haga eso. Y tratarán de derrotarle en todo lo que puedan". No habrá llegado a la esquina cuando algún demonio ya estará tras usted. Así que, si quiere seguridad, no busque a Dios. Si quiere seguridad, el diablo se la dará por un tiempo y luego le enviará al infierno. Si le tiene miedo a los demonios y a todo lo demás, no intente buscar a Dios.

Pero él continúa diciendo: "No se detenga por eso, trabaje en ello hasta que vea y desee". Con esto quiere decir: "Que nada le perturbe, no permita que nadie le impida buscar a Dios. Siga adelante hasta que sienta deseo".

Se afirma que estos antiguos santos eran soñadores. No, no eran soñadores; eran hombres pragmáticos. Lo que dice el autor de *La nube del no saber* es: "Cuando empiece a buscar una nueva altura y a convertirse en algo más que un cristiano común, lo primero que encontrará será al diablo enfrentándole para detenerle". Y añade: "No se detenga por eso, siga adelante aunque no tenga ganas".

Hay dos momentos para orar: cuando le dan ganas y cuando no. Algunas personas quieren ser elevadas emocionalmente y llevadas como sobre alas al cielo, pero los antiguos santos sabían más que eso. Sabían que hay momentos en que uno solo logra avanzar mediante lo que *La nube del no saber* llama un "intento desnudo hacia Dios". Eso es lo que necesitamos: un intento desnudo por conocer a Dios, por conocer a Cristo, por poner al mundo bajo nuestros pies, por poner las cosas bajo nuestros pies, por poner a las personas bajo nuestros pies. Abrir nuestros corazones a un solo amante —el Hijo de Dios mismo— y mantener todo lo demás afuera. Debemos mantener todas nuestras relaciones —conyugales, filiales —paternales, maternales—, empresariales y de sociedades, ciudadanas— aparte de nosotros. Porque en lo profundo de nuestro corazón tenemos un solo amante y "Él no tolera rivales".

CAPÍTULO 3

FÓRMULA PARA EL ÉXITO ESPIRITUAL

Regocíjense y alégrense en ti todos los que te buscan; que digan continuamente: ¡Engrandecido sea el Señor! los que aman tu salvación.

—Salmos 40:16b LBLA

Hagan morir todo lo que es propio de la naturaleza terrenal: inmoralidad sexual, impureza, bajas pasiones, malos deseos y avaricia, la cual es idolatría...

Esclavos, obedezcan en todo a sus amos terrenales, no solo cuando ellos los estén mirando, como si ustedes quisieran ganarse el favor humano, sino con corazón sincero y por respeto al Señor.

—Colosenses 3:5, 22 NVI

Más bien, una cosa hago: olvidando lo que queda atrás y esforzándome por alcanzar lo que está delante.
—Filipenses 3:13b NVI

Creo que la vida es algo serio y que también lo es este mundo en el que vivimos. Por eso animo a creer que todavía hay personas serias en el mundo que reconocen la seriedad de la vida, y que se preocupan sinceramente por cómo enfrentar y vencer tanto la vida como la muerte, cómo rescatar algo del resto del mundo y cómo salvar sus propias almas del desastre.

Así que pienso que hay algunos que desean salvar sus almas de esta generación perversa, de esta catástrofe que viene con el derrumbe y la caída del mundo. Gente así daría la bienvenida a un consejo, uno que quiero darle. Una exhortación, no de un hombre perfecto, sino de alguien que ha caminado con Dios, que ha amado y vivido en las Escrituras por bastante tiempo, que no tiene otro motivo que hacerle bien.

Si usted va a salvarse de esta generación perversa y rescatar algo del naufragio del mundo, del choque y de su caída, tendrá que hacer tres cosas: la primera es engrandecer a Dios; la segunda, hacer morir la carne; y la tercera, simplificar su vida. Eso es lo que dicen los tres pasajes bíblicos mencionados al principio de este capítulo.

Engrandecer a Dios

Antes que nada, veamos el primero:

> "… que digan continuamente: ¡Engrandecido sea el Señor! los que aman tu salvación".
>
> —Salmos 40:16b LBLA

Estoy completamente seguro, después de muchos años de observación y oración, de que la base de todos nuestros problemas hoy —en los círculos religiosos— es que nuestro Dios es demasiado pequeño.

Cuando dice "Engrandecido sea el Señor", no significa que usted tenga que hacer a Dios grande, sino que debe verlo grande. Cuando usamos un telescopio para mirar una estrella, no hacemos la estrella más grande: solo la vemos más grande. De igual manera, uno no puede hacer a Dios más grande, pero sí puede verlo más grande.

Es bastante popular decir que los liberales modernistas tienen un dios pequeño y que nosotros, los evangélicos, tenemos uno grande. Sí tenemos un Dios grande, pero la mayoría de nosotros no lo vemos así.

Mi primer punto es: vea a Dios grande; engrandezca a Dios.

¿Cuál es el versículo más importante de la Biblia? No es el que usted cree: "Jesucristo es el mismo ayer, hoy y por los siglos" (Hebreos 13:8). Tampoco es el otro que usted piensa: Juan 3:16, "Porque de tal manera amó Dios al mundo…". El versículo más importante de la Biblia es este: "En el principio, Dios…" (Génesis 1:1).

Ese es el más significativo porque ahí es donde todo debe comenzar. Dios es la montaña de donde brota todo, es el fundamento sobre el que todo se apoya. Dios es todo en todos.

Un antiguo arzobispo dijo una vez: "Dios está sobre todas las cosas, bajo todas las cosas, fuera de todas las cosas; dentro de ellas pero no encerrado, fuera de ellas pero no excluido; arriba pero no elevado, abajo pero no abatido; totalmente por encima gobernando, totalmente por debajo sosteniendo; absolutamente fuera abarcando, y absolutamente dentro llenando".

Estoy seguro de que si todos consideráramos a Dios más grande, veríamos a las personas más pequeñas. Este es el tiempo de la magnificación de las personalidades atrayentes, la época de las celebridades mediocres pero, al magnificar al hombre, minimizamos a Dios. Y no piense que hemos escapado de esa maldición en los círculos evangélicos o incluso en los del evangelio completo, porque no lo hemos hecho. Celebramos reuniones enteras en las que nunca vemos a Dios, solo vemos a sus siervos. Y mientras más acicalado tenga el cabello el siervo, más vemos al siervo. Y si lo han perdonado de matar a la tía de su abuela, lo magnificamos aún más. Y si se ha medio convertido después de actuar en películas pornográficas, lo magnificamos todavía más.

Siempre tenemos alguna gran figura delante de la cual nos inclinamos y les besamos los pies. Luego nos preguntamos por qué el Espíritu Santo no nos bendice. El Espíritu Santo no nos bendice por la misma razón que no bendice al católico que besa el dedo del pie de la Virgen. Su enfoque es errado. Respetamos a la Virgen, pero no la adoramos. Y Dios quiere que nos respetemos unos a otros, pero no que nos adoremos. Hay demasiado culto a los héroes en la iglesia de Cristo.

"Digan continuamente: ¡Engrandecido sea el Señor! los que aman tu salvación". Dios se mueve de acuerdo con un propósito eterno y actúa según su propio plan.

Hace mucho tiempo, cuando los presbiterianos se reunieron en Londres para elaborar lo que más tarde se llamó "Los treinta y nueve artículos", tenían una definición para cada punto doctrinal importante excepto uno: la doctrina de Dios. Nadie podía formular una y creo que puedo adivinar por qué.

Estaban por desesperar cuando un moderador señaló a un joven ministro y dijo: "Hermano, ¿puedes guiarnos en una oración más, para que Dios nos dé luz sobre lo que debemos escribir en el Credo acerca de Dios?".

El joven se puso de pie, se aferró fuertemente al asiento delante de él, cerró los ojos, sacudió la cabeza y oró con gran fervor: "Oh Dios, tú eres Espíritu; infinito, eterno, inmutable en tu ser, sabiduría, poder, santidad, justicia, bondad y verdad".

Alguien de los asistentes dijo: "Eso es suficiente. Eso es". Y lo escribieron. Así que aquí lo tenemos: Dios es Espíritu; infinito, eterno, inmutable en su ser, sabiduría, poder, santidad, justicia, bondad y verdad.

Novaciano dijo: "En la contemplación de la majestad de Dios, toda elocuencia queda anulada", lo cual quiere decir que Dios siempre es más grande que todo lo que se pueda decir de Él. Ningún lenguaje es digno de Él. Es más sublime que toda sublimidad, más alto que toda altura, más profundo que toda profundidad, más espléndido que todo esplendor, más poderoso que todo poder, más veraz que toda verdad. Más grande que toda majestad, más misericordioso que toda misericordia, más justo que toda justicia, más compasivo que toda piedad. Nada que alguien pueda decir de Él es suficiente.

En Isaías aparece este pasaje: "Alcen los ojos y miren a los cielos: ¿Quién ha creado todo esto? El que ordena la multitud de estrellas una por una, y llama a cada una por su nombre. ¡Es tan grande su poder y tan poderosa su fuerza, que no falta ninguna de ellas!" (Isaías 40:26).

Hasta que alguien me señaló eso, no vi lo que había allí. Isaías usa una expresión que probablemente sea la más sublime que jamás concibiera la mente humana. No creo que Shakespeare, David ni Isaías hayan tenido nunca un pensamiento más excelso que este.

Este hombre, Isaías, vio las estrellas de los cielos como ovejas en un campo verde, y al gran Dios Todopoderoso, el Pastor, caminando entre ellas y llamándolas por nombre. Y si usted no teme que su cabeza se quiebre con el esfuerzo, intente concebir el infinito número de estrellas que llenan los cielos. Luego piense en Dios guiándolas como un pastor dirige su rebaño, llamando a cada una por nombre. Y ninguna se pierde. Este es nuestro Dios.

Hermanos míos, Dios nos llama a engrandecerlo, a verlo enorme. Una reunión no es grande porque haya mucha gente. Es grande porque hay personas que ven un Dios enorme en ella. Y mientras más grande se ve a Dios, más grande es la reunión. Un amigo mío suele decir: "Prefiero una reunión pequeña que sea grande, que una reunión grande que sea pequeña". Hay muchas reuniones grandes que son pequeñas porque el

Dios que hay en ellas es pequeño. Y muchas reuniones pequeñas que son grandes porque Dios es grande en medio de ellas.

Si usted es cristiano y está creciendo en Dios, debería estar acercándose más a Él, el cual debería ser para usted cada vez más en tanto que las demás cosas cada vez menos. Si aún necesita que el pastor le acaricie el rostro varias veces al mes para mantenerle contento, necesita ayuda de Dios, amigo mío.

Si Dios no es lo más grande del mundo para usted, toda su exposición no impresionará a nadie jamás. Debemos estar en un punto en el que Dios sea todo, en el que entremos en una reunión y veamos a Dios, pensemos en Dios y sintamos a Dios. Donde veamos a Dios a nuestro alrededor, donde Él descienda sobre nosotros y lo veamos en visión en la brisa del día. Deberíamos verlo en la montaña, en el trueno y en el fuego. Deberíamos verlo en la cruz —bañado en sangre y lágrimas—, y descendiendo del cielo montado en un caballo blanco y sentado en un trono juzgando a las naciones. Pero siempre, ver a Dios y que Dios sea todo.

Quiero dejar a mi paso el aroma de Dios, para que Dios reciba toda la gloria. Cuando digo Dios, me refiero al Dios trino. Alguien me acusó una vez de hablar solo de Dios, mientras otros hablan únicamente de Jesús. No le respondí. Nunca respondo a un crítico; me da miedo hacerlo. Sé cuán filosa es mi lengua, así que mejor callo. Pero sé esto: cuando digo Dios, me refiero a Jesús, al Padre y al Espíritu Santo. Así que cuando hablo de Dios, no divido la Deidad. No puedes dividirla, hermano. El antiguo credo decía que "no debemos confundir las personas ni dividir la sustancia". Y Dios no puede estar presente parcialmente en ningún sitio.

Dondequiera que Dios está, lo está por completo, porque no se puede dividir la sustancia que es Dios. Así que donde está el Padre, allí también están el Hijo y el Espíritu Santo. Y donde está el Hijo, están el Padre y el Espíritu Santo. Y donde está el Espíritu Santo, están el Padre y el Hijo. De modo que la bendita Trinidad está aquí: Él está completamente aquí, no parcialmente, sino total y absolutamente. Dios no envía representantes; el propio Dios está aquí. Y si eso no es solo una buena noticia para usted, necesita nacer de nuevo.

Eso es lo primero: engrandecer a Dios. Su ministerio será pequeño, y vivirá y morirá pequeño, a menos que usted tenga un Dios más grande. Oro para que nuestro gran Dios se haga grande a nuestros ojos, de modo que cuando nos reunamos, nuestra conversación no sea "hablar de trabajo", sino que sea toda acerca de Dios.

Mortificar la carne

La segunda cosa es mortificar —hacer morir— la carne. Los cristianos pueden admitir que hay una realidad con la que se debe lidiar, y esa es la carne. Por carne *no me refiero al cuerpo*. Esa vieja idea monástica de que Dios está enojado con el cuerpo de usted es tan absurda como puede ser. Su cuerpo es simplemente la cabra en la que cabalga, nada más. No es ni bueno ni malo; solo son sus huesos, su carne y su sangre. Es lo que los pensadores y filósofos llaman amoral: ni moral ni inmoral, solo neutral.

Así que cuando la Biblia dice: "Hagan morir [mortificar] todo lo que es propio de la naturaleza terrenal [la carne]", no se refiere a matar su sangre, sus huesos, su epidermis, su cabello, sus dientes, sus ojos ni su estómago. Dios no está enojado con nuestro cuerpo físico o nuestra naturaleza terrenal. Cuando la Biblia dice "hagan morir [mortificar] la carne", se refiere al ego de usted, a su viejo hombre, ese yo, ese mal que está en uno. Ese regalo de cumpleaños que recibió por parte del diablo el día que nació. Eso interior. Esa es su carne.

Si el viejo hombre fuera algo que pudiera levantarse y sacarse de nuestro interior, como se arranca una cebolla de un huerto, entonces todos estaríamos muy orgullosos de haber sido "descebollados" y "desmitificados". Pero la parte terrible de crucificar la carne es que la carne es *usted*, soy yo, es uno.

Cuando el Señor declara "hacer morir la carne", no quiere decir que abuse de su cuerpo ayunando hasta perjudicar su salud o acostándose en una cama de clavos. Lo que quiere decir es que usted mismo se coloque —metafóricamente— en la cruz. Eso es lo que la gente no quiere hacer.

Algunas denominaciones comenzaron creyendo en la doctrina de la autocrucifixión, es decir, crucificarnos a nosotros mismos hasta morir, mortificar la carne por medio de la cruz de Jesús. Pero todo eso ahora es cosa vieja; pertenece a la época del caballo, las carretas y la tecnología atrasada. Nadie cree en eso ya o, si lo creen, no lo viven. Creo que es mejor no creerlo y decirlo con claridad, como hacen algunos de nuestros buenos amigos calvinistas, que decir que lo crees y luego vives en contra de ello, en abierta rebeldía.

Hay mucha gente tratando de zafarse del viejo hombre. ¿Qué quiero decir con viejo hombre? Me refiero al orgullo, al autoritarismo, a la mala educación, al mal genio, al mal carácter, la lascivia y el espíritu pendenciero que caracteriza a las personas. ¿Qué quiere decir, reverendo?

Me refiero a su afán de estudio solo para buscar una iglesia más grande, a su insatisfacción con la ofrenda y a que culpa al jefe de su concilio porque no puede conseguir que le llamen a una nueva iglesia. La razón por la que no le llaman es que nadie lo quiere. A eso me refiero, reverendo.

¿Diáconos, qué hay con ellos? Quiero decir: esos que se sientan en las reuniones de las juntas directivas y agotan a su pobre pastor porque usted es demasiado terco como para humillarse y reconocer que se equivocó.

¿Y qué con los músicos? En cuanto a ellos me refiero a esa actitud que hace que uno deteste a alguien que puede cantar un poco mejor. Me refiero a esos celos que hacen que uno quiera tocar el violín cuando todo el mundo sabe que es incapaz de hacerlo, especialmente el director del coro. Uno lo odia, desea que se fuera y —secretamente— hasta ora para que lo llamen a trabajar en una iglesia pequeña e insignificante de un lugar lejano. Eso es lo que quiero decir. Todo esto puede subsistir bajo una apariencia de espiritualidad. Es más, podemos hasta aprender a inclinar la cabeza hacia un lado, unir las manos suavemente y fingir una sonrisa beatífica como la de San Francisco de Asís, y aun así ser tan carnales como cualquiera.

No sé por qué usted teme a la santificación, pero tampoco me importa. Sin embargo, le digo esto: más le vale mortificar su carne antes que ella le haga algo terrible. En estos días espantosos en los que vivimos, no solo hemos aceptado a la carne en su manifestación "moralmente fina" como algo perfectamente correcto, sino que también hemos creado una teología innoble de las "circunstancias atenuantes", mediante la cual excusamos y hasta defendemos la carnalidad.

La gente ya no duda en decir: "¡Ay, qué rabia pasé!", y un minuto después va a dirigir la oración en el altar. "Pero si solo está murmurando palabras", dirán algunos. Yo no confío en un hombre que no controla su temperamento. No creo que un hombre que explota y pierde el control sea un individuo espiritual, trátese de un predicador, obispo o incluso el papa. Es un hombre carnal y requiere limpieza por fuego y sangre. Pero hemos excusado a los que dicen: "Ah, es que estaba enojado". Si se enojó, estaba pecando, por lo que necesita ser limpiado de su mal temperamento. Pero hemos incorporado la carne a nuestra ortodoxia y, en vez de ser humildes, magnificamos al orgulloso.

Hace unos años, Dios me dio un picahielo y me dijo: "Hijo, entre tus otros deberes estará el de pinchar todos los egos inflados que veas. Ve y pínchalos". Y he observado que ha habido más estallidos y siseos en mi ministerio, mientras se escapa el aire de esos egos. La gente me detesta por eso, pero yo los amo por el privilegio de rebajarlos a su tamaño real, porque si hay algo que debemos tener claro, es cuán pequeños somos.

En mi juventud, siempre me encantaron las armas. Tenía un revólver calibre 22 que me encantaba disparar. Cuando no tenía nada más que hacer, cosa rara en la actualidad, salía a practicar tiro con otro amigo, y disparábamos a lo que llamábamos una gallareta ("mud hen"). Parecía un pato enorme, pero cuando la limpiábamos era el mayor hipócrita que haya usted visto. Era prácticamente todo plumas. No era mucho más grande que un petirrojo grande, exagerado, cuando veíamos de cerca al ave real. Eso describe a la mayoría de los cristianos. Erizamos nuestras plumas para que la gente no sepa cuán pequeños somos.

La palabra "mortificar" viene de la misma raíz latina que "mortuorio": lugar donde se coloca a las personas muertas. Significa morir. Pero ya no hablamos mucho de eso. Nos referimos a ello, pero no creemos en que somos reducidos. Sin embargo, usted nunca será un hombre espiritual hasta que Dios le reduzca a su tamaño apropiado.

Hacer morir es una expresión del Nuevo Testamento. Dese la espalda a usted mismo y considérese verdaderamente muerto, crucificado con Cristo. Luego espere que la sangre de Cristo y el poder del Espíritu Santo hagan real lo que su fe ha considerado. Y luego comience a vivirlo.

Algunas personas van a un altar y se "santifican", pero como aún están resentidos, mantienen el chip en el hombro. Todavía aman el dinero. Todavía tienen mal genio. Todavía miran lo que no deben. Y aun así afirman estar santificados.

Son solo personas que fingen o, peor aún, engañadas. O mortificamos la carne o ella nos dañará hasta un punto en el que no tengamos poder, ni gozo, ni fruto, ni utilidad, ni victoria.

Simplifique su vida

Empiece por simplificar su vida. Prácticamente todos tienen demasiado, saben demasiado, ven demasiado, oyen demasiado, van y regresan de demasiados lugares. Debemos simplificar nuestras vidas o vamos a perder terriblemente.

La vida tiene un centro y una periferia. En el centro del alma encontrará a Dios. Luego está el atrio exterior, los campos, los bosques y los desiertos más allá. La mayoría de las personas no viven en el centro de sus vidas. "Estad quietos, y conoced que yo soy Dios" (Salmos 46:10 RVR1960) es la gran palabra bíblica. La mayoría tendría miedo de descarriarse si dejaran de gritar. Si se quedaran quietos el tiempo suficiente para escuchar la voz de Dios, sentirían que su reunión es la más fría del mundo.

Algunas de las reuniones más maravillosas son aquellas en las que Dios se manifiesta con un poder tan tremendo que la gente teme hablar. He estado en algunas de esas reuniones, donde nadie se atrevía siquiera a susurrar. El maravilloso poder de Dios es tan grande que nadie piensa ni en abrir la boca. Cuando oro más elocuentemente, logro menos en mi vida de oración. Pero cuando dejo esa elocuencia y le doy a Dios menos teología, y me callo, y solo levanto la vista y espero que hable a mi corazón, Él se expresa con tal poder que tengo que agarrar un lápiz y una libreta para apuntar lo que le está diciendo a mi corazón.

Cuanto más lejos estamos del centro de nuestras vidas, más velocidad tenemos y menos poder. Cualquiera que conozca de maquinarias sabe que si uno tiene una rueda pequeña en un núcleo de poder, tiene menos velocidad, pero más potencia. Si usted tiene una rueda grande en un eje, tiene más velocidad pero menos poder. Por eso cambia de marcha en su coche: tiene más poder en una marcha baja, pero más velocidad en una alta, porque está más lejos del centro. Lo mismo ocurre con el pueblo de Dios.

Cuanto más lejos esté del centro de su corazón, de la presencia de Dios y del santuario de su alma, más rápido avanzará, pero tendrá menos poder. A la mayoría le gusta ir rápido; no les importa el poder.

Cierta vez Sócrates estaba en Atenas y alguien lo llevó a visitar tiendas de baratijas. Después de medio día caminando con sus pies descalzos, lo dejaron sentarse a descansar. Entonces le preguntaron: "Sócrates, ¿qué le parece?". A lo que respondió: "Nunca antes supe cuántas cosas hay en Atenas que no quiero". A mí, por ejemplo, me gusta eso, ¿y a usted? Pero hoy muchos están demasiado ocupados, saben demasiado y leen demasiadas cosas.

Algunos piensan y dicen que soy un radical, me han llamado así desde que tuve diecinueve años. Permítame darle un consejo. ¿Sabe cómo puede tener un avivamiento acelerado en su alma? Vaya a casa y desconecte su televisor, el internet y deje todo eso desconectado por diez días. No digo que deseche todo eso. Estuve a punto de decirle que se desconectara del teléfono, pero no lo diré aunque quizá también sea necesario.

Pero sí, al menos vaya a casa y desconecte su televisión y su internet. Luego, quédese a solas con Dios y descúbralo por primera vez.

CAPÍTULO 4

PLAGA, UNA PALABRA ATERRADORA

Cuando en el país haya hambre, plaga, peste, langostas o saltamontes en los sembrados; cuando el enemigo sitie alguna de nuestras ciudades; en fin, cuando venga cualquier calamidad o enfermedad, si luego algún israelita, consciente de su dolor, extiende sus manos hacia este templo, ora y te suplica, óyelo tú desde el cielo, donde habitas, y perdónalo. Trata a cada uno según su conducta, la cual tú conoces, puesto que solo tú escudriñas el corazón humano. Así todos tendrán temor de ti mientras vivan en la tierra que diste a nuestros antepasados.

—1 Reyes 8:37-40 NVI

El término "plaga" es una de las grandes palabras aterradoras del lenguaje. Desde la historia temprana, ese vocablo y todo lo que implica han acechado al mundo horrorosamente. En sus formas menos terribles —lo que en este pasaje se llama peste— la plaga a veces ataca la naturaleza.

Cuando era niño en las colinas de Pensilvania, teníamos árboles de castaña por todas partes; desde pequeños retoños hasta los grandes y majestuosos castaños adultos. Cada otoño, alrededor de la primera helada, las ardillas subían y desprendían los castaños maduros. Entonces los chicos del campo salíamos con una cesta, los recogíamos y los llevábamos a casa. No les pedíamos permiso a las ardillas; simplemente aprovechábamos su ajetreado trabajo. Si no había ardillas, los tumbábamos con piedras o palos, y luego rompíamos la gran cáscara espinosa exterior para llegar al fruto.

Unos años después, el tizón del castaño golpeó la zona, por lo que murieron todos los castaños. No soy muy bueno con las estadísticas, pero recuerdo haber oído que solo quedaban diecisiete castaños de los millones que una vez adornaron cada paisaje, cada pradera, cada bosque y cada campo de ese gran estado.

En Chicago y muchas otras áreas del país tenemos el olmo americano. Tal vez esté familiarizado con ese árbol. Es alto, majestuoso, sus ramas se abren como un abanico. Los plantan a ambos lados de las avenidas y, con el paso de los años, se unen en lo alto, por lo que recorrer esas calles es como caminar por el pasillo de una catedral. Pero la plaga también llegó al olmo. El gobierno luchó arduamente para detenerla, pero muchos olmos murieron. Y, a menos que la ciencia moderna pueda detener esa plaga, en unos años más

Chicago —esa ciudad boscosa— quedará desnuda y desolada, porque todos los olmos habrán muerto.

Esa es la plaga en su forma menos terrible. Pero el horror más terrible que la plaga producir es cuando golpea a los seres humanos, como sucedió con la "peste negra" del siglo XIV. Según recuerdo vagamente las estadísticas, veinticinco de cada cien personas de la población mundial fallecieron a causa de la peste negra. Aun hoy, con todos nuestros antibióticos y maravillosos remedios, la frase "peste bubónica" sigue despidiendo una señal profundamente aterradora en los oídos de la gente.

En la Biblia, en tiempos del Antiguo Testamento, aparece una plaga que llamaban lepra. Un individuo podía estar llevando una vida normal, sin saber que algo andaba mal: salía a trabajar por la mañana y volvía a casa por la tarde, cuando sus hijos corrían a abrazarlo y a reír con él al asomar por el sendero. Un día, la persona nota algo en el dorso de su mano, pero no le da importancia. "Es una picadura de insecto", dice. Pero al día siguiente vuelve a vérsela e igualmente al otro día. No se lo dice a su esposa, pero acude al sacerdote. Este lo observa, lo examina, le aplica la prueba de siete días y le dice: "Es lepra".

¡Imagínese el impacto y el horror de algo tan terrible! No es de extrañar que la gente tema ir al médico si sospecha que tiene cáncer. No quieren oír que esa plaga acose su cuerpo. Pero eso no es lo peor que puede sucederle a alguien, ni es el peor tipo de plaga que existe.

Salomón, en su oración dirigida por el Espíritu Santo, dice: "que cada uno conozca la plaga de su propio corazón". Aquí tenemos la plaga del *corazón*, no en la carne; está más adentro. En el espíritu del hombre —muy dentro—, en esa parte de él con la que tendrá que vivir para siempre. Es la plaga del corazón.

La plaga del corazón

La plaga del corazón es más peligrosa que el propio Satanás. Este solo puede destruir aquello que tiene dentro la plaga. Pero no puede dañar a un hombre que no tenga la plaga. Si alguien tiene una plaga en su corazón, eso constituye la invitación para Satanás. Y es a través de esa plaga que Satán llega al alma de los hombres. Jesús dijo: "viene el príncipe de este mundo, y él nada tiene en mí" (Juan 14:30b RVR1960). Sin embargo, cuando el príncipe de este mundo se acercó a Pedro, encontró cobardía. Pero cuando vino a Judas, halló amor al dinero. Encontró la plaga en esos dos hombres, por lo que arruinó a uno y casi termina con el otro. Satanás solo destruye cuando tiene algún espacio donde trabajar, cuando hay algo que puede poseer. Él es el padre de todas las plagas. Y cuando encuentra a sus "hijos" en el corazón de un hombre, los reclama. Exige el punto de la plaga como suyo y trabaja allí. Esa enfermedad es más terrible que cualquier dolencia física, más que la guerra, más que las calamidades de la naturaleza, más terrible que la misma bomba atómica.

La plaga del corazón puede destruir al hombre por completo. La bomba atómica puede pulverizarle y hacer que usted desaparezca al instante; pero —aun así— no puede alcanzar su alma, su corazón ni su espíritu. Sin embargo, la plaga del corazón ya está en el espíritu, el alma y el corazón de la persona, así que es peor que la bomba, peor que cualquier calamidad natural. La plaga del corazón puede destruir al hombre.

Y la fuerza de esa plaga reside en su sigilo. Es como una pantera. Tiene camuflaje natural y puede acercarse sin que la vean. Puede apoderarse de usted sin que lo note. Puede poner sus huevos mortales bajo las hojas del jardín del Edén, incubarse allí y luego aparecer de repente, extenderse y manifestarse en conductas y hábitos ruinosos.

Lo extraño de esta plaga del corazón es que casi nadie reconoce su presencia. Pocos están dispuestos a admitir que tienen esa plaga en su interior, porque conlleva vergüenza y temor.

Si hace un llamado al altar y usted dice: "¿Quiere que su necesidad sea suplida?", cualquiera vendrá, porque no pierde prestigio acercándose al altar para que una necesidad sea suplida. Pero si usted dice: "¿Tiene algo de la plaga de lo que desee ser libre?", nos ponemos tensos. No tendrá muchos llamados al altar exitosos si habla de esa manera.

A nadie le gusta oír acerca de la plaga del corazón. Quieren reír, o entretenerse con discursos, conferencias o escuchar historias. Casi nadie conoce la plaga del corazón. Pero no hay ayuda posible hasta que la conocemos; es decir, hasta que el Espíritu Santo la identifica y la hace obvia.

Está en el pasaje bíblico al inicio de este capítulo: cuando las personas se vuelven, extienden sus manos y confiesan, entonces son liberadas; pero no lo hacen hasta que lo saben. Nadie va al médico hasta que tiene razones para creer que está enfermo. Nadie acude a la sangre para ser limpiado hasta que sabe que está enfermo, que está impuro, que tiene una plaga. Solo Dios puede detener la plaga; nadie más.

Lo terrible de la plaga del corazón es que uno no puede llegar a ella. Ningún cirujano puede extirparla, ningún psicólogo puede sondearla; nadie puede reconocerla. No se le puede hacer una radiografía; no se puede determinar con ninguna prueba. No hay nada que uno pueda hacer.

Esa plaga se interna en la naturaleza misma y no se puede tocar. Nadie puede ayudar al que la padece ni puede aliviarle. Si usted es atacado por esa plaga, no puede llegar a ella, aunque está allí. Está ahí incubándose. Tal vez aún no sea muy grande, pero va creciendo, desarrollándose, entrando en el torrente sanguíneo, en la vida.

No hay ayuda posible excepto la de Dios y solo Él. Los antiguos escritores llamaban a eso "la limpieza del amor perdonador de Dios". Me gusta esa expresión. También hablaban de "la restauración de la inocencia moral". Usted sabe que ha pecado, pero ha sido tan limpio que siente como si no lo hubiera hecho. Lo sabe y se arrepiente de todo su pasado; pero la limpieza es tan completa que le deja como un niño otra vez, como un bebé recién nacido, desnudo como el día en que nació, inocente por el amor perdonador de Dios y la limpieza de la sangre. Sin embargo, el peligro es que no sabemos que tenemos esta plaga. Mire lo que les ha hecho a muchas personas.

Su efecto

Vea lo que hizo en Caín (Génesis 4:1-11). ¿Cree usted que Caín era completamente malo? Eva y Adán no lo sabían. No esperaban que ocurriera un asesinato; no había indicio alguno de ello. ¿Cree, acaso, que Caín levantó en brazos a su hermano menor muchas veces y que hasta lo cargó? ¿Que quizá durmió junto a él para darle calor o le daba juguetes para que se entretuviera? ¿Cree usted que Caín sentía afecto humano normal? Claro que sí. Pero la plaga del corazón se manifestó y eclosionó en su interior. El apóstol Juan afirma que Caín "mató a su hermano. ¿Y por qué lo mató? Porque sus obras eran malas y las de su hermano justas" (1 Juan 3:12). Así que lo que pasó es que ¡estaba celoso!

Fue la envidia en el corazón de Caín lo que lo llevó a decirle a su hermano: "Salgamos al campo", y ambos se fueron a caminar (Génesis 4:8), pero solo uno regresó; el otro quedó enterrado bajo las hojas. Hallaron su sangre allí en la tierra húmeda y esa sangre clamó a Dios por venganza contra el hombre que estaba infestado por la plaga.

Por otro lado, estaba Acán, en el Antiguo Testamento (Josué 7). Era un hombre decente; nadie puede decir lo contrario. Tenía una esposa a quien, sin duda, amaba. Tenía una familia —bastante grande— y era un hombre bueno, obediente. Tan obediente y decente que nadie imaginaba que era el que se había robado el lingote de oro y el manto babilónico, desobedeciendo el mandato expreso de Dios.

Si Acán hubiese sido un delincuente, o un criminal apenas contenido, o alguien de quien siempre había que desconfiar, no habría sido necesario echar suertes para descubrir quién era. Habrían dicho: "Probablemente fue él. Siempre se mete en todo; debe haber sido él". Acán era un buen tipo; tal vez cantaba en el coro, ayudaba en los quehaceres y hacía muchas cosas buenas. No había nada malo con él excepto que tenía una señal de la plaga de la que no se daba cuenta. Quiso el oro y el manto, por lo que desobedeció a Dios para obtenerlos. Y cuando Israel fue derrotado, Dios dijo: "Busquen al hombre que tiene la mancha de la plaga. Cuando lo encuentren, elimínenlo y estarán bien". Y eso fue lo que hicieron.

¿Cree usted que Acán pensó alguna vez que moriría o que causaría la muerte de su esposa solo por robar un poquito? Estoy seguro de que su rostro palideció mortalmente cuando llegaron para apedrearlo. Agarró a su esposa, la abrazó, y supongo que dijo: "¿Me perdonas? Nunca quise lastimarte a ti ni a los niños. Solo quería el oro". No sé qué pudieron decir ella o los niños. Pero los llevaron al valle de Acor, los apedrearon hasta que murieron y pusieron un montón de rocas sobre ellos para que todas las generaciones vieran lo que una plaga puede hacer en el corazón de un hombre cuando no trata con ella.

Luego está Herodes, que escuchaba a Juan el Bautista (Marcos 6:14-28). Lo mandaba llamar y le decía: "Predícame". Juan venía y le predicaba. Herodes, supongo, era un rey promedio que escuchaba con cierta mezcla de placer y preocupación. Algo en ese profeta lo inquietaba.

Entonces, una noche, Herodes organizó una fiesta. Había allí una chica bailando para él, una de esas muñequitas bonitas, maquilladas, relucientes y sensuales. Ella se paró y dio todo lo que tenía, danzando ante él. Y los ojos del viejo comenzaron a brillar con una luz que no era propia para un hombre de su edad.

Cuando la muchacha serpenteó como un sauce bajo el viento y le guiñó los ojos, él no pudo soportarlo más. La llamó, con su rostro lascivo exudando y le dijo: "¿Qué quieres, querida? Pídeme lo que desees y te lo daré". Ella respondió: "Le preguntaré a mamá". Así que salió corriendo, su madre ya tenía la respuesta lista. Entonces volvió y le pidió lo que quería: "La cabeza de Juan el Bautista".

Como él le había hecho esa promesa delante de todos, no pudo retractarse. Temblando de miedo y superstición envió a un verdugo que le trajo la cabeza de Juan en una bandeja y se la entregó a la muchacha, la cual se la dio a su madre. ¿Cree usted que Herodes alguna vez se imaginó que haría algo como eso? ¿Cree que su lujuria, su imprudencia, su miedo, su orgullo y el amor que sentía por su posición le haría querer matar a un profeta? El terror lo persiguió el resto de sus días, porque cuando Jesús llegó a su región e hizo milagros, Herodes palideció de miedo, tanto que envió a alguien a preguntar si era Juan el Bautista resucitado.

Desde ese día hasta que murió, el fantasma de la cabeza de Juan parecía sonreír a Herodes en cada sombra que veía. Herodes nunca pretendió hacer eso; pero no sabía que tenía la terrible plaga del corazón en su interior.

Más adelante aparece Ananías (Hechos 5:1-10). Amaba el dinero y se jactaba de su buena reputación en la congregación. Quería dar la impresión de que era un donante generoso pero, al mismo tiempo, siempre deseaba quedarse con algo. En realidad, era mentiroso y engañador, además de amante del dinero y de las apariencias. Ananías se metió en un aprieto del que no pudo salir. Intentó hacerlo haciendo trampa y mintiéndole al Espíritu Santo.

Ananías debía tener algo de bueno. Él y su esposa podían permanecer en la comunión de esa iglesia estricta, moralmente recta, con el Espíritu Santo sobre ellos como llamas de fuego. ¿Cree usted que era un hombre descuidado? ¡Nunca! Un hombre descuidado y disoluto nunca habría pasado inadvertido. ¿Cree que no vivía "cerca" del Señor? Claro que sí. Pero tenía la mancha de la plaga en su corazón. La plaga estaba allí. La plaga estaba sobre él, por eso le mintió al Espíritu Santo.

Pedro dijo: "Traigan a ese hombre". Si Pedro no hubiera tenido el don de discernimiento, nadie habría sabido nada nunca. Ananías habría vivido y muerto viejo, y probablemente —al envejecer— le habrían dado algún tipo de medalla cristiana que dijera: "Para Ananías, por su extenso y fiel servicio como miembro de nuestra iglesia". Pero el Espíritu Santo fue a lo profundo de Ananías. Aunque tenía fama de ser un miembro destacado de esa iglesia, era un hipócrita y un engañador. Era reconocido por ser generoso, pero mintió en cuánto a la cantidad que había dado. Por lo que cayó muerto y lo sacaron del recinto. Luego, cuando llegó su esposa, también cayó muerta y la llevaron afuera.

Hay pecados de los cuales uno no se puede recobrar. Hay pecados por los que no se puede orar, al menos uno. Y hay muchos pecados que la gente nunca intenta superar porque, después de cometerlos, simplemente no intentan volver al redil. Podrían hacerlo, pero no lo hacen.

Permanece sin que la detecten

Una de las versiones de la plaga tiene la habilidad de permanecer sin ser detectada: la lujuria. Un hombre puede trabajar arduamente y desgastarse en un ministerio sin saber que en su corazón yace, sin detectar —ni mucho menos corregir— la plaga de la lujuria. Y, cualquier día, puede aparecer en los titulares de todos los periódicos.

El pecho humano aloja orgullo en su interior y no sabemos que está allí; pero ahí está, incubándose. ¿Recuerda a ese otro Herodes que dio un discurso, que lo llamaron dios y murió comido por gusanos? (Hechos 12:21-23). La plaga estalló con los mismos gusanos que destruyeron al hombre.

Conozco a muchas personas resentidas. Incluso a cierto predicador de una reconocida denominación —que he conocido por muchos años— cuya característica principal es el resentimiento que acarrea. Usted no puede hablar con él veinte minutos sin que manifieste resentimiento por algo que alguien le hizo: una iglesia lo perjudicó; un superintendente estuvo en su contra; otro miembro de la junta directiva lo traicionó, etc. El hijo de Dios nunca debe ser instrumento del resentimiento.

Cuando somos cristianos, tenemos que cargar la cruz; esa que Jesús llevó y de la que nunca se quejó.

Por otro lado, están los pecados secretos. Ahora que soy un hombre mayor y la gente se siente más libre de contarme cosas privadas, he estado con algunas personas que me han confesado pecados que jamás imaginé que alguien cometiera. No es que sea un hombre ingenuo, ni mucho menos; he cometido muchos pecados que ya están bajo la preciosa sangre de Jesucristo, pero nunca imaginé que las mujeres pudieran caer en ciertos pecados.

Mi madre me dio el concepto que tengo de lo que es la mujer, el cual llevo conmigo. Ella jamás habría dicho una mala palabra ni deliberado un mal pensamiento. Aunque no fue cristiana hasta una edad avanzada, llevó una vida moral tan pura como la de los estoicos. Y yo me hice la idea de que así debía ser cualquier mujer. ¡Me llevé una gran sorpresa cuando crecí y descubrí que algunas mujeres se han descuidado hasta el punto de ser culpables de pecados de los que no se puede ni hablar!

Luego están los rencores ocultos. Algunas personas nunca han perdonado verdaderamente a otros por lo que le hicieron. Dicen: "Lo he perdonado", pero lo evitan, y muestran que guardan rencor al evitarlos.

Otros tienen mal genio y culpan de ello al abuelo irlandés o a alguien más; pero es una señal de que la plaga del corazón está rondando por ahí. Recuerdo un hombre que tenía un gran testimonio espiritual y se convirtió en un pastor destacado de su denominación. Una noche, en una reunión de la junta directiva, no pudo controlar su temperamento. Se comportó como un arriero de mulas y, después de eso, nadie volvió a creer en él.

En otra ocasión, un hombre que yo pensaba que era un buen cristiano andaba en su auto nuevo cuando alguien pasó y abolló la defensa del vehículo. Él explotó como una bomba. Nunca volví a creer en él. Siempre que veo a un hombre perder el control, nunca vuelvo a creer en él a menos que yo sepa que ha ido a los pies de Cristo por limpieza y perdón de pecados y que ha sido liberado. Ningún hombre tiene más derecho a andar por ahí con un temperamento inmundo que a llevar una serpiente de cascabel en el bolsillo de su chaqueta. No tiene más derecho a hacer eso que a dejar sin tratar un cáncer en la lengua, porque destruirá su ministerio. Puede orar y testificar, dar y trabajar, pero si un día explota, nadie volverá a creer en él después de eso.

Y también está la envidia. ¿Sabe usted la diferencia entre celos y envidia? Los celos son el dolor que sentimos cuando creemos que alguien tiene algo que nos pertenece. La envidia es el dolor que sentimos cuando creemos que alguien tiene algo que le pertenece a él. Ahí está la diferencia. Es casi invisible, pero existe. El hombre celoso lo es si yo tomo lo que le pertenece. Pero el envidioso siente envidia porque yo tengo lo que tengo, algo que nunca le perteneció.

Cómo sanar de la plaga

Dios puede sanarle la plaga, lo que hace con sangre y fuego. Hay una palabra que se ha perdido de nuestro vocabulario cristiano: "purgación" o "purgar". Ya no la usamos. Invitamos a las personas al altar para que reciban algo; pero olvidamos que lo que más deberían recibir es purgación: una purga, es decir, una limpieza. Jesucristo purga y limpia, quitando la mancha de la plaga, mediante lo cual arregla termina con ella.

No sé cómo llamar esta doctrina que predico. No estoy de acuerdo con los erradicacionistas, así que no puede ser erradicación. Tampoco concuerdo con los supresionistas, así que no puede ser supresión. Por tanto, no me presione para clasificar esta doctrina: no sé. Solo sé que la sangre y el fuego eliminarán la impureza y que le harán y le mantendrán limpio, para que no se arriesgue a incubar iniquidad en su espíritu y que un día se manifieste.

> La sangre que Cristo derramó por mí
> Como mi Redentor en el madero,
> Esa sangre que hace libre al cautivo,
> Jamás ha perdido su poder.

Así solíamos cantar en las reuniones de campamento en el este. Llámelo como quiera y ubíquese doctrinalmente donde quiera en cuanto a este tema; pero existe tal cosa como una vida victoriosa. Los Wesley nunca enseñaron erradicación, dicho sea de paso; pero creían que uno podía ser lleno de un amor perfecto que erradicaría lo malo que pudiéramos tener en el alma. Veamos a continuación lo que escribió Charles Wesley:

> Jesús, tu amor victorioso
> Llene mi corazón;

Así mis pies ya no vagarán,
Arraigados y firmes en Dios.
¡Oh, que el fuego sagrado
Pueda arder en mí!
¡Que consuma la escoria de los bajos deseos
Y haga fluir las montañas de amor!

Lo siguiente es otra figura; pero es lo mismo. Es lo que destruye la mancha de la plaga.

¡Oh, que caiga ahora desde el cielo
y consuma todos mis pecados!
Ven, Espíritu Santo, a ti clamo,
Espíritu ardiente, ven.
Fuego purificador, atraviesa mi corazón,
Ilumina mi alma en su totalidad;
Esparce tu luz en todas partes
Y santifícalo todo.

Esto es lo que necesitamos: que el fuego purificador caiga sobre nuestros corazones para que mate la plaga, para que destruya la mancha de la plaga en nuestra vida. Algunas personas han consentido esa mancha al punto que han convertido a la plaga en su mascota. Los hombres la han disfrazado, la han adornado con un nombre melodioso de forma que no suene como antes. Eso que llamaban mal genio, pero ahora dicen que son nervios. Antes lo llamaban codicia cuando estaba en el corazón de otro; pero cuando es en el propio dicen que "está pensando en el futuro".

Podemos cambiarle el nombre a las cosas, pero siguen siendo las mismas viejas plagas. Necesitamos que el "fuego purificador" "atraviese el corazón", que "ilumine el alma", que "esparza tu luz en todas partes y santifique todo". Lo que necesitamos es limpieza. Si digo: "Vengan a recibir", vendrán a recibir. Pero si digo: "Vengan a ser liberados, a ser libres de algo", entonces —por supuesto— nos desprestigiamos si no cumplimos.

Prediqué sobre esto en uno de nuestros campamentos y, entre los que se acercaron al podio, estaba una joven cuyo rostro no he olvidado. Se arrodilló ante el altar y Dios le dio lo que quería, le quitó lo que la avergonzaba. Ella saltó completamente encantada. Buscó a su suegro, con quien había tenido una pelea, y abrazó al viejo. Luego me llamó. Caminaba de un lado a otro diciendo una y otra vez: "No sabía que esto me podía pasar a mí". ¿Qué pasó? No nos pongamos técnicos, ni doctrinales, ni divididos. Digamos simplemente que el fuego purificador atravesó su corazón, iluminó su alma, esparció la vida de Dios en todas partes y santificó el todo. Ella saltó diciendo: "No sabía que esto me podía pasar a mí".

Sé lo que Dios puede hacer por un hombre. Yo tenía un temperamento tan malo que una vez —al menos que recuerde— me enojé tanto que me enfermé. Estuve en cama por esa enfermedad. He visto a mi padre enfadarse tanto que hacía retroceder a un caballo hasta ponerlo sobre sus ancas, hasta casi hacer sangrar su boca con el freno. Vi a mi padre perder el control y enfurecerse tanto que agarraba una pala y golpeaba la carretilla con una ira insana.

Padecí lo mismo: un temperamento que explotaba. Pero la preciosa sangre de Jesús y el fuego del Espíritu Santo me han hecho diferente a mi padre, aunque crecí queriendo ser como él. Cuando me rasuro, veo a mi padre mirándome. Pero él no conoció la plaga de su propio corazón hasta que tuvo sesenta años. Fúe convertido a esa edad y murió cuatro años después. Tuvo cuatro años para caminar con Dios antes de partir definitivamente.

Dios puede librarle de los malos hábitos, de las malas tendencias y del temperamento destructivo. La pequeña Frances Ridley Havergal testificó lo siguiente: "Esta experiencia me ocurrió cuando llegué al punto en que supe en mi corazón que cuando el Espíritu Santo decía: 'La sangre de Jesucristo limpia de todo pecado', lo que quería decir era que limpia 'de todo pecado, todo'".

CAPÍTULO 5

LA VIDA MÁS PROFUNDA

Por tanto, dejando ya los rudimentos de la doctrina de Cristo, vamos adelante a la perfección; no echando otra vez el fundamento del arrepentimiento de obras muertas, de la fe en Dios.

—Hebreos 6:1 RVR1960

Con las palabras "vida más profunda" no me refiero a una existencia más honda de lo que indica la Escritura. No quiero nada que no se encuentre dentro del marco de la revelación cristiana. No deseo nada añadido. Por eso nunca compro libros ni escucho conferencias sobre cómo despertar el plexo solar y sintonizarse con los procesos cósmicos. Todo eso está fuera de la Escritura; cualquier cosa buena que exista ya está en la Palabra de Dios, y lo que no está en ella no es bueno.

Así que dejo que esos señores hablen con los que no conocen la Palabra, yo me quedo con la Palabra.

Soy un cristiano bíblico, de forma que si un arcángel con una amplitud tan grande como una constelación, brillando como el sol, viniera a ofrecerme alguna nueva verdad, le pediría una referencia. Si no puede mostrarme dónde se encuentra en la Biblia, lo despediría diciendo: "Lo siento mucho, pero no traes ninguna referencia contigo". Por eso, de lo que hablo no es de una vida más profunda de lo que indican las Escrituras; sino simplemente de una vida que, de hecho, es lo que dice ser.

Cristiano no es necesariamente alguien que ha sido bautizado, aunque probablemente lo haya sido. Cristiano no es necesariamente quien participa de la Santa Cena, aunque pueda recibirla, y si ha sido bien enseñado, lo hará. Pero eso no hace que sea cristiano necesariamente. Cristiano no se es por nacer en un hogar cristiano, aunque las probabilidades sean mayores de que lo sea si tiene un buen trasfondo cristiano. Cristiano no es quien ha memorizado el Nuevo Testamento, ni un gran amante de la música cristiana, ni quien va a escuchar al Apollo Club cantar el Mesías cada año. El cristiano puede hacer todas esas cosas y creo que sería bueno si lo hiciera; pero eso no lo convierte en cristiano. Cristiano es quien mantiene una relación correcta con Jesucristo.

Los cristianos disfrutan de un tipo de unión con Jesucristo. Todos mantienen alguna clase de relación con Él; de la misma manera que todos en Estados Unidos de América mantienen alguna relación con Krushchev [antiguo líder de la Unión Soviética]. Mi relación personal es de hostilidad activa, en la medida de lo posible dentro de un marco cristiano. No podemos odiar a las personas, pero podemos detestar todo lo que representan, y quiero que se sepa que lo hago. Pero todos tienen una relación con todos los demás, y todos tienen una relación con Jesucristo. La relación que uno mantiene puede ser de fe y amor, de adoradores; puede ser de admiración; puede ser de hostilidad; puede ser de total indiferencia; pero es una actitud de algún tipo. Existe algún tipo de relación entre cada ser humano y Jesucristo; es decir, entre todo ser humano que alguna vez haya oído hablar de Jesucristo. Pero cristiano es el que mantiene una relación correcta y adecuada, una relación bíblica, con Jesucristo.

La naturaleza de la relación

El cristiano mantiene dos tipos de relación o, más bien, esta unión es de dos tipos: judicial y vital. Explicaré estas dos palabras.

En Romanos tenemos la relación judicial que todos mantienen con Cristo: "En consecuencia, ya que hemos sido justificados mediante la fe, tenemos paz con Dios por medio de nuestro Señor Jesucristo. También por medio de él, y mediante la fe, tenemos acceso a esta gracia en la cual nos mantenemos firmes. Así que nos regocijamos en la esperanza de alcanzar la gloria de Dios" (Romanos 5:1-2 NVI).

Luego, en Efesios, capítulo primero, hay un pasaje muy citado: "Bendito sea Dios, Padre de nuestro Señor

Jesucristo, que nos ha bendecido en las regiones celestiales con toda bendición espiritual en Cristo. Dios nos escogió en él antes de la creación del mundo, para que vivamos en santidad y sin mancha delante de él. En amor" (1:3-4), y así sucesivamente.

Cito estos pasajes no para dar una exposición, sino para destacar el hecho de que mantenemos cierta relación judicial hacia Dios, en Cristo, así como tenemos obligaciones legales con nuestros hijos. Uno puede meterse en problemas con la ley si los niega. El sistema legal reconoce una relación entre usted y su hijo. No es solo biológica, es judicial: usted es responsable ante la ley de no descuidarlo, abusar de él, dejarlo morir de hambre o abandonarlo. Debe cuidarlo; es su hijo.

Hay otra relación que mantenemos hacia Dios en Cristo. Es una relación de hijos a Padre; somos hijos de Dios. Debido a que muchos versículos tratan de esto, no necesito citar ninguno en particular.

Luego está la relación vital, que es otro asunto completamente diferente. Por ejemplo, un esposo y su esposa no tienen hijos, por lo que deciden adoptar un niño. Ante la ley, ese niño tiene exactamente la misma relación con ese hombre que si fuera su hijo biológico. Como padre legal ante la ley, es responsable de alimentarlo, educarlo, darle refugio y cuidarlo hasta que alcance cierta edad. Sin embargo, la relación es judicial, no biológica, no es vital; el niño no proviene de la línea de vida larga y ancestral de ese padre. Proviene de otra línea de vida y fue adoptado en la familia. Así que el padre tiene una relación judicial, pero no vital, con ese hijo.

Sin embargo, el cristiano tiene una relación vital con Dios y con Cristo. Él dijo: "Yo soy la vid y ustedes son las ramas" (Juan 15:5a NVI). La rama es rama porque mantiene una relación vital. La vida de la vid está en la rama, por lo que la vida de la rama proviene de la vid. Ambas están unidas; eso es una relación vital. El cristiano es alguien que ha sido hecho judicial y legalmente hermano de Jesucristo e hijo de Dios. Pero es más que eso: es alguien que ha sido unido a Jesucristo por el poder y la acción de la vida, de manera que está vitalmente relacionado con Él.

Ahí es donde comenzamos y, en la mayoría de los círculos, ahí es donde casi todos terminan. Las escuelas bíblicas, las conferencias, los libros y las imprentas se dedican a repetir constantemente el hecho de que estamos relacionados judicial y vitalmente con Cristo mediante la salvación. Hasta ahí llegamos. Hay otras relaciones que también podemos mantener con Cristo, y eso es a lo que se refería el escritor de Hebreos cuando declaró: "Por tanto ... vamos adelante a la perfección" (6:1a RVR1960).

Eso es lo que quiso decir Pablo en 1 Corintios 3, cuando les dijo que eran carnales y que debían salir de ese estado carnal a un estado espiritual. Hay al menos tres otras relaciones que todos deberían mantener hacia Jesucristo: volitiva, intelectual y emocional.

La relación volitiva

Nuestra unión con Cristo es judicial y vital. Esto es en virtud de nuestra fe en Cristo; pero también existe una relación volitiva. ¿Qué quiero decir con esto? Me refiero a una relación que parte de nuestra voluntad con Dios, de manera que toda voluntad conocida de Dios sea mía. Todo lo que Dios quiere, yo también lo debería querer. No solo debo estar relacionado judicial y legalmente con Él, no solo vitalmente, sino que en mi mente, en mi vida volitiva, debería estar unido a Él haciendo, conociendo y queriendo exactamente lo que Él hace. Eso es a lo que me refiero con "vamos adelante a la perfección".

La mayoría de los cristianos no llegan a hacer suya toda la voluntad de Dios. Cantamos tiernamente aquel pequeño y un tanto lúgubre himno: "Dulce voluntad de Dios, apriétame aún más". Me gusta ese himno; no me malinterpreten. Pero podemos cantarlo, tener los ojos húmedos y aún así ser egoístas y testarudos, sin hacer de la voluntad de Dios nuestra propia voluntad. Debemos conocer la voluntad de Dios para luego adoptarla como propia. Entonces es que comenzamos a mantener una relación volitiva con Jesucristo.

¿Cómo conozco la voluntad de Dios? ¿Escuchando las historias que cuentan los predicadores? No solo por eso, la conozco por la oración, el estudio bíblico y la experiencia. Acudo a las Escrituras y las leo habitualmente. Me dedico a la oración y le pido a Dios gracia para entenderlas.

El cuarto verso del himno "Rompe tú el pan de vida" dice:

> "Oh, envía tu Espíritu, Señor,
> Ahora a mí,

Para que toque mis ojos
Y me haga ver;
Muéstrame la verdad oculta
Dentro de tu Palabra,
Y revelada en tu Libro,
Te veo, Señor".

Creo que el autor del himno sabía lo que escribía. Debemos orar para que el Señor nos dé el Espíritu Santo como luz que alumbra las Escrituras. Si oramos, recibimos iluminación del Espíritu de Dios, leemos la Palabra con avidez y atención, y observamos nuestras experiencias espirituales, lo que empezará a cristalizar en nosotros una voluntad que sea la misma de Dios. Me pregunto si eso es lo que Pablo quiso decir cuando declaró: "Nosotros, por nuestra parte, tenemos la mente de Cristo" (1 Corintios 2:16b NVI).

Hay un número infinito de actitudes y relaciones dentro de la mente y el corazón, las cuales son incorrectas al principio. No todas se corrigen al convertirse. No todas se corrigen después de asistir a la escuela bíblica. Se corrigen solo al trabajar en ellas: con oración, estudio, experiencia espiritual e iluminación del Espíritu Santo, esas actitudes comienzan a volverse espirituales más que carnales. Empiezan a enderezarse.

La relación intelectual

Existe una segunda relación hacia la que debemos avanzar: una de tipo intelectual con Jesucristo. Por supuesto, en cierto sentido, tanto lo volitivo como lo intelectual surgen tan pronto nos convertimos; pero en otro sentido esperan desarrollo y crecimiento. Por intelectual me refiero a que debemos pensar como Jesucristo piensa; pensar de manera bíblica, ver las cosas como Él las ve, aprender a sentir como Él siente sobre cualquier cosa o persona, amar lo que Él ama y odiar lo que Él odia.

Entonces surge la pregunta: ¿Realmente, Dios *odia* algo? Sí, Él dice: "Has amado la justicia y odiado la maldad; por eso Dios, tu Dios, te ha ungido con aceite de alegría, te prefirió a ti por encima de tus compañeros" (Hebreos 1:9). Es psicológicamente imposible amar algo sin odiar su opuesto. Si amo la santidad, odio el pecado. Si amo la verdad, odio la mentira. Si amo la honestidad, odio la deshonestidad. Si amo la pureza, odio la suciedad. El odio solo es malo si se dirige contra personas hechas a imagen de Dios o si surge de motivos indignos como los celos, la envidia o la ira. Debemos aprender a odiar lo que Jesús odia. Estoy seguro de que si tuviéramos la mente de Cristo intelectualmente, juzgando las cosas como Él las juzga, habría menos necesidad de predicar en cuanto a la separación del mundo de lo que hay hoy entre los cristianos.

En los inicios de mi vida cristiana leí mucho a los autores ingleses Keats y Milton. Luego me aparté de Keats, aunque todavía lo admiro mucho por la maravillosa música de su poesía, pero no hay nada de Dios en ella, nada de Cristo. Así que ya no la encuentro muy provechosa. Milton, por supuesto, está bien. Creo que leeremos a Milton en el cielo.

Pero eso es lo que decían los críticos acerca de estos dos hombres. Keats era un inglés, nacido de estirpe anglosajona, criado en Inglaterra y, creo, nunca salió de Inglaterra; murió en sus veintes, era un inglés entre los ingleses. Pero Keats había leído tanta literatura griega que su mente dejó de ser inglesa; no tenía nada de las limitaciones, fortalezas o debilidades de la mente británica. Era una mente griega. Pensaba como los griegos.

Milton, por otra parte, también era inglés, nacido de ingleses. Vivió en Inglaterra toda su vida, aunque tal vez hizo unos pocos viajes al extranjero, pero no muchos. Vivió y murió en Inglaterra y es el segundo de todos los grandes poetas ingleses. Milton leyó la Biblia y la memorizó tanto, aparte de que vivió en ella tanto, que era un hebreo en su corazón. Milton tenía una mente bíblica que impregnaba todo lo que escribía. No podía escribir un simple soneto común de catorce versos sin que, en algún lugar, apareciera el tono y el ritmo de las melodías hebreas, del Antiguo o del Nuevo Testamento. Claro, entiendo que el Nuevo Testamento fue escrito en griego, pero es hebreo en su patrón de pensamiento.

Por tanto, tenemos aquí dos mentes, ambas inglesas, viviendo en el mismo país, comiendo los mismos alimentos, viendo los mismos paisajes y recibiendo la misma educación básica. Y, sin embargo, uno de ellos llegó a ser griego en todo excepto en la nacionalidad, porque amó mucho a Grecia. El otro llegó a ser hebreo —o bíblico más bien que hebreo— porque amó mucho la Biblia.

Eso es lo que quiero decir. Usted puede tener una mente cristiana, hasta una mente bíblica. Puede ser de mente bíblica en el sentido de que, aun siendo de cualquier país, puede tener una mente neotestamentaria.

Creo que eso es lo que el Espíritu Santo quiere hacer por nosotros. Pienso que desea que nuestra relación intelectual con Jesucristo se vuelva tan cercana, tan íntima, tan abarcadora, que pensemos como Jesús pensó, amemos como Él amó, odiemos lo que Él odió, valoremos lo que Él valoró, y tengamos en nosotros la mente de Cristo.

Esto no viene por creer en Jesús, comprar una Biblia y cantar coros. Hay que ir más allá, "adelante a la perfección". Todas esas cosas son básicamente sanas, correctas y buenas; no tengo ninguna objeción. Aférrese a su Biblia. Es buena. Siempre prestó un maravilloso servicio ayudándonos a mantenernos firmes contra el liberalismo y el modernismo; pero tiene sus limitaciones. Sus limitaciones consisten en un exceso de énfasis en la relación judicial con Jesucristo y muy poco sobre avanzar hacia la madurez. Pero esa es la misma crítica que hago contra la mayor parte del evangelicalismo actual. Así que digo que hay una relación volitiva e intelectual con Jesucristo que el cristiano debe cultivar y desarrollar.

La relación emocional

Luego, en tercer lugar, existe una relación emocional: un apego amoroso a Cristo. ¿Amas *realmente* al Señor Jesucristo? Ahora sé que cantamos que sí, pero —a veces— eso no es del todo cierto. ¿Lo ama usted de verdad?

Veamos un ejemplo gracioso. A Moody se le acercó un hombre en la calle y le preguntó: "¿Amas a Jesús?".

Él respondió: "No tengo nada en su contra". Creo que eso resume lo que piensan muchas personas. No tenemos nada contra Jesús, pero ¿podemos decir que lo amamos?

Piense en una joven madre con un bebé de tres meses. Pregúntele: "¿Amas a tu bebé?". Cada centímetro de su rostro se iluminará con una sonrisa. Un soldado enfermo, cansado y hambriento, al que usted le pregunte si ama su país, no responderá cínicamente; se emocionará y dirá: "¡Oh, Dios mío, si solo pudiera regresar a casa!".

Un misionero vivió muchos años en China. Mientras estuvo allí, él y su esposa tuvieron sus hijos. Al regresar a casa, hicieron el viaje por la Costa Oeste rumbo a San Francisco. En cada puerto donde el barco hacía escala, los niños preguntaban:

—¿Es esto Estados Unidos de América, papi? ¿Es América?

— No —respondía él— esto no es América.

Después de tres o cuatro decepciones así, el barco entró finalmente en la bahía de San Francisco, y pudieron ver el Puente Golden Gate, la línea costera y dos picos con el sol brillando intensamente sobre ellos.

Estaban de pie en la cubierta, observando, cuando los pequeños dijeron:

—Papi, ¿es esto América?

De pronto, el hombre se desmoronó en una mezcla de nostalgia, patriotismo, amor y recuerdos, y dijo entre sollozos:

—Sí... sí, hijos, esto es América.

Él no sabía cuánto amaba a su país. Ignoraba cuán queridos habían sido para su corazón estadounidense sus peñascos y sus arroyos, sus bosques y sus colinas como templos, hasta que se alejó de ellos por tanto tiempo. La primera vista de su patria lo quebrantó y lloró como el niño que fue por un momento. Pregúntele a ese hombre: "¿Amas a Estados Unidos de América?". Él le sonreirá tímidamente y le contará esa historia. Sí, él ama a Estados Unidos de América.

¿Ama usted a Jesús, *en verdad*? Es posible ser cristiano; es decir, tener fe en su poder, en su obra, en su expiación. Incluso es posible tener una relación vital con Él con el nuevo nacimiento y aun así no haber cultivado su compañerismo hasta el punto de amarlo profundamente. No estamos completos hasta que el lazo de amor con Cristo se haya vuelto tan fuerte que arda, resplandezca y consuma.

Cuando leo los escritos de los antiguos místicos y de los autores de los devocionales y de los himnos de la Edad Media y otros posteriores, siento pesar en el corazón y digo: "Dios, lo lamento; te pido disculpas y me avergüenzo. No te amo como ellos". Lea las cartas de Samuel Rutherford. Si no lo ha hecho, debería. Lea esas cartas y verá cómo le harán sentir. Cerrará ese libro y muy probablemente se pondrá de rodillas y dirá: "Señor Jesús, ¿te amo en absoluto, si es que esto era amor? Entonces, ¿qué tengo yo, qué es lo que tengo?".

Debe haber una relación emocional con Jesucristo, una relación de amor. "Has dejado tu primer amor" (Apocalipsis 2:4b), dijo el Señor Jesus y tal vez eso es a lo que se refiere. Usted ha permitido que ciertas cosas enfríen su corazón, como el joven esposo que realmente ama a su esposa, pero está tan ocupado ganándose la vida para ella que la descuida. Me pregunto si Jesús no tendría algo así en mente: "Estás ocupado en cuanto a lo mío, corriendo de un lado a otro a mi servicio, pero has dejado tu primer amor".

¿Qué es, entonces, este cristiano que ha avanzado hasta sostener con nuestro Señor una actitud correcta, bíblica, inspirada por el Espíritu, tanto en lo volitivo como en lo intelectual y lo emocional con el Salvador? Es alguien que ha sido liberado de los amores y temores terrenales.

Libertad de los amores terrenales

¿Qué quiero decir con amor terrenal? Me refiero a cualquier clase de amor ajeno a la voluntad de Dios, ese que no permitiríamos que Dios eliminara de nuestra vida. Si tiene algo o a alguien en este mundo que no dejaría que Dios le quitara, entonces es que no ama a Dios como debería y no conoce nada sobre la vida más profunda en la experiencia cristiana.

Porque la vida cristiana llena del Espíritu significa que uno es liberado de los afectos terrenales más fuertes a un punto tal que no hay amor que no permita que Jesucristo nos quite dinero, reputación, hogar, amigos, familia o lo que sea. Cuando el amor de Jesucristo entra y devora todos los demás amores, los santifica, purifica, los hace santos y los coloca en su relación correcta con ese amor todo consumidor de Dios, de modo que ocupan una posición secundaria y pierden todo protagonismo.

Necesito plantearle una pregunta: ¿Hay algo o alguien en la tierra, que usted ame tanto, que sería capaz de luchar con Dios si Él quisiera quitárselo? Si es así, no está donde debería y conviene que lo reconozca. La libertad completa implica que solo quiero la voluntad de Dios. Si es la voluntad de Dios que tenga estas cosas, las amo por su causa, pero con un amor relativo, no absoluto, que no me esclavice. Solo se ama lo que Dios permite que amemos, en su contexto correcto. Entonces puede amar a todos.

Creo que Pablo amaba a Timoteo, a Silas, a Tito y a los demás creyentes con un amor que ardía tanto como un horno. Pero no hasta el punto de no poder separarse de ellos ni de pelear con Dios por ellos. Podría decir que los amaba en el margen de su corazón; porque su amor a Dios era central. Los amaba por amor al propio Dios. Eso es el cristianismo.

¿Significa eso que usted no debe amar a su bebé? No, lo que significa es que debe amar a Dios tanto, que ame a su bebé en su debida proporción y contexto. ¿Significa que no debe amar a su cónyuge? No, claro que debe amarlo, pero en el contexto correcto, en la proporción apropiada y en la relación correspondiente.

Había una señora —muy inteligente, brillante y escritora destacada— que yacía al lado de su bebé muy enfermo. Trataba de dormir un poco mientras lo cuidaba y lo alimentaba. La criaturita tenía una fiebre muy alta, estaba realmente sufriendo, y ella lo sabía. Observaba ansiosa aquel pequeño rostro sufriente y, después de haber hecho todo lo posible para aliviar sus dolores y sufrimientos, se apartó del chiquillo un momento para reflexionar.

Con el tiempo, llegó a convertirse en racionalista, en incrédula. Bueno, era una pobre necia que no entendía nada. Y, a menos que haya cambiado de parecer —lo que dudo que haya hecho—, ahora sabe más que entonces, pues de eso ha pasado ya un siglo.

¿Qué ocurrió con eso? Solo esto: ella amaba a su bebé más que al Dios que la creó. Si ese Dios permitía que su bebé tuviera fiebre, entonces ella concluyó que no quería tener nada que ver con Él. Esa clase de amor no es amor. Es egoísmo supremo. Es la extensión de su personalidad, la proyección de su propio carácter en ese bebé, lo cual es puro y absoluto egoísmo.

Mi propia suegra tuvo un bebé que murió, fue una prueba que la hizo pasar por fuego, agua, sangre, lágrimas y fatiga; pero a través de todo ello llegó a una experiencia espiritual maravillosa. Tuvo que incorporarse en la cama, débil y agotada como estaba, para hacer el pequeño ataúd de su bebé. Su esposo hizo la caja de madera mientras ella elaboró un revestimiento de tela con lo que pudo encontrar. Cuando se celebró el funeral, se quedó junto a la tumba con los demás y, cuando todos esperaban que se derrumbara, dijo: "¿Cantamos juntos?". Entonces, ella misma empezó a entonar la Doxología. Algunos de los asistentes se marcharon afirmando: "La señora Pfautz está loca". Otros se fueron con los ojos húmedos diciendo: "He ahí una fe y un amor capaces de entregar su recién nacido a la tumba y cantar 'A Dios, el Padre celestial, al Hijo, nuestro Redentor, al eternal Consolador unidos todos alabad'".

Si usted ama algo hasta el punto de que llegue a cuestionar si Dios puede tomarlo o no, entonces no sabe nada de las profundidades de la vida espiritual; usted es esclavo de ese amor, sea cual sea. Si hemos sido liberados de todo amor terrenal, entonces no tenemos anhelos insatisfechos, ni deseos, ni sueños.

Yo no uso la palabra "desear", ¡nunca! Hace años que dejé de usarla; y si alguna vez se me escapa en una conversación o en una predicación, es solo por convencionalismo: no lo digo en serio. Si Dios quiere que tenga algo, oraré por ello. Y si no quiere que lo tenga, yo no lo quiero.

Libertad de los temores terrenales

El cristiano que avanza se libera también de los temores terrenales. Dos cadenas atan a toda la humanidad: la de los amores y la de los temores. Amamos algo y no lo conseguimos, o tememos perderlo. O tememos recibir algo que no queremos; o tememos perder algo que tenemos. Así es que estamos encadenados. El amor y el temor unen a la humanidad con dos cadenas de oro.

Y el evangelio de Jesucristo nunca se completa hasta que nos libera de los amores y los temores. Amaríamos a nuestra familia más de lo que jamás la hemos amado antes. Amaríamos a nuestro país con devoción intensa. Amaríamos todo lo bueno que hay en el mundo; pero lo amaríamos en su contexto correcto y lo amaríamos por causa de Jesús. El hecho es que tomaríamos todo eso apropiadamente, de manera que podríamos dejarlo ir en cualquier momento por amor al Señor. Eso es ser libre de los amores terrenales.

La libertad de los temores terrenales, por otra parte, significa que uno elige la voluntad de Dios ahora y siempre; es su tesoro, su actitud completa. El único temor que uno tiene es que me salga de la voluntad de Dios. Fuera de la voluntad de Dios, no quiero nada, y en la voluntad de Dios no temo nada, porque Él ha jurado mantenerme en ella. Si estoy fuera de su voluntad, eso es otro asunto. Pero si estoy en ella, Él ha jurado cuidarme.

Él es capaz de hacer eso, es lo suficientemente sabio para saber cómo hacerlo y es lo suficientemente amable como para querer hacerlo. Así que realmente no hay nada que temer.

Mi familia y amigos se burlan un poco de mí pero, realmente, no creo temer a nada. Alguien podría preguntar: "¿Qué piensas del cáncer? ¿Alguna vez temes morir de eso?". Tal vez, pero tendrá que apresurarse o moriré de vejez primero. Sin embargo, no me preocupa demasiado porque un hombre que muere de cáncer en la voluntad de Dios no resulta perjudicado; simplemente muere. Usted no puede dañar a un hombre que está en la voluntad de Dios.

Sócrates, el estoico pagano, pudo morir diciendo: "Ningún mal puede afectar a un hombre bueno en este mundo o en el siguiente". Si él, que era pagano, podía decir eso, ¿por qué yo debería temblar y andar con cautela por este mundo mirando por encima del hombro furtivamente? Más bien debería decir, por la gracia de

Dios: "Señor, creo tanto como un pagano, por lo menos. Creo que ningún mal puede venirle a un hombre bueno en este mundo ni en el siguiente".

"Pero perderé mi trabajo".

Bueno, entonces perderás tu trabajo; pero no la cabeza.

"¿Y si pierdo la cabeza?".

Bueno, si pierdes la cabeza, no perderás a tu Salvador. No se puede dañar a un hombre bueno. Así que el hombre bueno está libre de miedo.

Compadezco al predicador que teme a su congregación o a los superiores de su denominación. Tal vez soy un poco anormal en eso, pero nunca he sentido ni un solo atisbo de miedo por mis superiores; y únicamente, en contadas ocasiones, me siento cohibido delante de una congregación. Si hay realmente un gran predicador presente y sé que mi pequeño sermón lucirá algo deficiente en comparación, me siento un poco incómodo. Pero nada puede dañarlo a uno si está en la voluntad de Dios.

Si usted deja que el amor de Dios arda en su interior hasta consumir todo, nunca será esclavo de los deseos terrenales, aunque aún los tenga. Tendrá deseos terrenales, amores terrenales, personas a las que ama y cuida, de quienes lloraría si tuviera que separarse; Jesús lloró junto a la tumba de su amado amigo Lázaro. No hay nada de malo en llorar cuando debemos decir adiós.

Nuestro hijo Wendell se despidió una noche para volar por Sudamérica. Voló en medio de una tormenta de nieve; lo que no me agradó mucho, pero él estaba sereno. Intentó fingir que no le importaba. Uno puede tener sus propios sentimientos amorosos personales, pero no ser esclavo de ellos. Usted es dueño de esos sentimientos. Y es posible que tenga sus aversiones; yo —por ejemplo— correría un kilómetro para evitar que me inyectaran una aguja en el brazo.

Cierta vez que enfermé, un especialista cardiovascular vino a mi casa, alguien lo llamó, no sé quién. Subió a mi habitación y se sentó a mi lado. Traía un enorme aparato con un tubo largo que vi y no me agradó. Hermano, cómo discutí con él. Me dijo: "Ahora, te daré esto, luego dormirás y estarás bien. Es solo un sedante". Le dije: "No me des eso". Él dijo: "Bueno, si vas a hacer tanto alboroto, mejor es que no lo tomes". Así que se despidió y se fue. Y mejoré.

No digo que la vida más profunda —la vida llena del Espíritu— implique que usted no será un individuo normal. Si le cae un rayo cerca, saltará. Y si alguien viene con una aguja, usted se encogerá: es humano. Pero eso es una cosa y otra muy distinta es andar encadenado por los temores humanos, cautivo del miedo a la muerte, a la enfermedad, a la pobreza, al juicio de los amigos o al de los enemigos. Dios nunca pretende que sus hijos tengan ese tipo de miedo.

Todo lo que les he predicado ahora no es un sueño. No es un ideal nebuloso que nadie pueda alcanzar. Es la vida cristiana normal. Todo lo que quede por debajo de esto es anormal o subnormal. ¿Acaso no obedeceremos a Dios y avanzaremos hacia la madurez? Que Dios nos conceda avanzar hacia las aguas profundas, esas "que no se podían cruzar" (ver Ezequiel 47:5).

CAPÍTULO 6

LA UNIDAD QUE TRAE AVIVAMIENTO

¡Cuán bueno y cuán agradable es que los hermanos convivan en armonía! Es como el buen aceite que, desde la cabeza, va descendiendo por la barba, por la barba de Aarón, hasta el borde de sus vestiduras. Es como el rocío de Hermón que va descendiendo sobre los montes de Sión. Ciertamente allí el Señor envía su bendición, vida para siempre.

—Salmos 133:1-3 NVI

Aquí, plasmado por la pluma inspirada y sostenida por David, tenemos una de las imágenes más encantadoras de toda la Biblia. Es una imagen de hermandad (no solo hombres, sino hombres, mujeres y jóvenes) de mente unida, reunidos en unidad. Porque se reunieron y había unidad entre ellos; ahí leemos acerca del aceite, del rocío, de la vida y de la bendición. Ahora, reunirse en unidad fue la parte humana; derramar aceite, rocío, bendición y vida, fue la parte de Dios. Por lo tanto, es necesario que haya una mente unida entre las personas que desean una visitación espiritual.

Este texto muestra, como lo confirma el resto de la Biblia, que la unidad de mente por parte del pueblo de Dios precede a la bendición. A menudo he oído orar a personas que dicen: "Oh Señor, envía al Espíritu Santo para que podamos ser un pueblo unido". Eso está bien, excepto que es exactamente al revés. El Espíritu Santo viene porque somos un pueblo unido; no viene para hacernos un pueblo unido. Nuestra oración debería ser más bien: "Señor, ayúdanos a unirnos para que la bendición pueda fluir y haya un derramamiento de aceite, rocío y vida". Así es como debemos orar.

Si observamos el libro de los Hechos, encontramos en el capítulo 2 que:

> Cuando llegó el día de Pentecostés, estaban todos juntos en el mismo lugar. De repente, vino del cielo un ruido como el de una violenta ráfaga de viento y llenó toda la casa donde estaban reunidos. Aparecieron entonces unas lenguas como de fuego que se repartieron y se posaron sobre cada uno de ellos. Todos fueron llenos del Espíritu Santo.
>
> —Hechos 2:1-4a NVI

Y unos meses después, volvieron a orar:

> Después de haber orado, tembló el lugar en que estaban reunidos; todos fueron llenos del Espíritu Santo y proclamaban la palabra de Dios sin temor alguno. Todos los creyentes eran de un solo sentir y pensar. Nadie consideraba suya ninguna de sus posesiones, sino que las compartían.
>
> —Hechos 4:31-32 NVI

Se supone que habían estado así todo el tiempo. No se volvieron así porque el lugar donde estaban reunidos se estremeció. El lugar se estremeció porque ellos estaban así, llenos de Espíritu Santo. No dice que se volvieron de un solo corazón; dice: "Y la multitud de los que habían creído era de un corazón y de un alma... Y con gran poder los apóstoles daban testimonio de la resurrección del Señor Jesús; y sobre todos ellos había gran gracia" (4:32-33).

La unidad trae avivamiento

Esto nos enseña que la unidad es necesaria para el derramamiento del Espíritu de Dios. Si usted tiene 120 voltios de electricidad entrando a su casa pero el cableado está dañado, puede encender el interruptor, pero nada funcionará: no se encienden las luces, la estufa no calienta, la radio no opera. ¿Por qué? Porque el cableado está roto. El poder está listo para funcionar, pero donde hay cables rotos no hay energía. La unidad es necesaria entre los hijos de Dios si queremos conocer el flujo del poder.

En Filipenses 2:1-4 (NVI), Pablo dice:

> Por tanto, si sienten algún estímulo en su unión con Cristo, algún consuelo en su amor, algún compañerismo en el Espíritu, algún afecto entrañable, llénenme de alegría teniendo un mismo parecer, un mismo amor, unidos en alma y pensamiento. No hagan nada por egoísmo o vanidad; más bien, con humildad consideren a los demás como superiores a ustedes mismos. Cada uno debe velar no solo por sus propios intereses, sino también por los intereses de los demás.

Los avivamientos, grandes o pequeños, han sido principalmente esto: lograr una unidad de mente entre cierta cantidad de cristianos. Hoy hay muchas bendiciones aisladas en diversos lugares que no llegan a esto. El avivamiento es la persistencia de un estado espiritual. Todos tenemos momentos de estados espirituales y, ocasionalmente, en las iglesias surge un estado espiritual repentino. Pero un avivamiento es la persistencia de ese estado entre el pueblo que se mantiene de día en día y de semana en semana.

Esa persistencia permite que el Espíritu Santo haga lo que no podría hacer si hubiera interrupciones. La iglesia promedio es así: asistimos el domingo, recibimos una pequeña bendición y la perdemos hasta el miércoles. Entonces volvemos y recibimos otra pequeña bendición, subimos de nuevo a la cima, y luego la perdemos hasta el domingo, y volvemos a otra cima.

Es un continuo subir a la cumbre y bajar al valle, para luego volver a subir. Ahora bien, es mejor hacer eso que no hacerlo en absoluto. Pero es muchísimo mejor mantenerse en un nivel alto que caer a mitad de semana y tener que venir a la reunión de oración para volver a subir. Las reuniones de oración son necesarias y uno debe asistir, pero no para reparar los cables rotos. Deberíamos mantenernos unidos; el ánimo, la espiritualidad, deberían mantenerse.

He hablado acerca de la unidad de mente y debo aclarar qué quiero decir con eso para que no me malinterpreten. No me refiero específicamente a que sostengamos puntos de vista doctrinales idénticos. Probablemente sería imposible lograr eso. Como ve, la iglesia protestante es como una sociedad democrática, y creo que así debe ser.

Un ejemplo del gobierno

En la actualidad, hay dos tipos de gobiernos en el mundo. Uno es la sociedad democrática. En esta clase de sociedad todos son libres de tener una variedad de opiniones —y usualmente lo hacemos—. Pero cuando las cosas se ponen difíciles, cuando surge la necesidad, nos mantenemos unidos.

En Estados Unidos, en 1941, había divisiones por todas partes, todos estaban enfrentados entre sí; pero entonces los japoneses bombardearon Pearl Harbor. Eso unió al país de un momento a otro. La noticia de aquel bombardeo los juntó: demócratas y republicanos se abrazaron, y demócratas y republicanos rodearon al centrista, y permanecieron unidos hasta que terminó la guerra. Luego volvieron a enfrentarse.

Es igual en todo el mundo. Los conservadores canadienses discuten con sus opositores liberales. Escucho por la radio cómo se pelean; uno pensaría que son sinvergüenzas y que deberían estar en la cárcel pero, en realidad, no dicen eso en serio. Solo que alguien declare la guerra a Canadá para que sean uno al instante: desde el policía de tránsito en la esquina hasta el primer ministro estarían unidos. Creo que se pueden tener diferencias de opinión y, aun así, mantenerse unidos, porque las diferencias de opinión son incidentales, pero la unidad es fundamental.

Hay otro tipo de gobierno en el mundo: el totalitario. Allí la unidad existe porque no hay otra opción. Si uno tiene una opinión, no se atreve a susurrarla, porque alguien podría delatarle a la Gestapo. Así que todos están unidos. Y cuando hay elecciones, todos votan por el candidato oficial, porque prefieren votar por él antes que ir a Siberia a trabajar en las minas de sal. Todos votan de la misma manera. Están unidos, pero solo por miedo, intimidación y fuerza bruta.

En la Iglesia Católica, todos están unidos. Hay muy poco espacio para la diferencia de opinión, porque le dicen a uno qué creer. O lo cree o no puede salvarse. Cuando algo se ha convertido en dogma, es necesario para la salvación: o lo cree o queda fuera.

En la mayoría de las iglesias protestantes ocurre algo muy distinto. Hay ciertas grandes verdades fundamentales que defendemos y que creemos necesarias para la salvación pero, en los aspectos no esenciales, ejercemos la tolerancia.

Un ejemplo de la biología

Conozco una analogía que es bastante caricaturesca y quizá un poco ridícula, pero al menos es esclarecedora. ¿Qué es necesario para nuestra vida y qué todos debemos tener? El corazón y debe latir muchas veces por minuto. Puede variar un poco, pero no demasiado. Todos debemos tener pulmones para que nuestra sangre se purifique con oxígeno. También debemos tener un cerebro y una mente. Debemos tener una columna vertebral y un sistema nervioso. Y hay ciertos otros órganos que todos debemos tener: el más alto, el más bajo, el mayor, el más joven: todos debemos tenerlos.

Sin embargo, hay cosas que se pueden eliminar de nuestro cuerpo y aún así seguirá funcionando. Se le puede cortar la mano o la pierna a un hombre, y podrá arreglárselas sin ellas por el resto de su vida. Se le puede quitar mucho a alguien y sigue siendo humano, puede pensar, hablar y hacer todo lo que hacía antes. Pero hay ciertas cosas que no se pueden quitar. Si se quitan, se muere. Si le quita el corazón a una persona, muere. Si le quita los pulmones, se acaba. Si su sangre abandona su cuerpo, expira. Si sus riñones dejan de funcionar, en pocas horas lo estarán trasladando a la morgue.

Así mismo ocurre en la Iglesia de Cristo, en ella existen los grandes órganos de la verdad, los cuales deben funcionar o, de lo contrario, no existe la iglesia.

> Creo en un solo Dios, el Padre Todopoderoso, creador del cielo y de la tierra, y de todas las cosas visibles e invisibles;
>
> Y en un solo Señor Jesucristo, el Hijo unigénito de Dios, engendrado del Padre antes de todos los siglos, Dios de Dios, Luz de Luz, Dios verdadero de Dios verdadero, engendrado, no creado... quien, por nosotros los hombres y por nuestra salvación, descendió del cielo, y se encarnó por el Espíritu Santo en la Virgen María... padeció y fue sepultado; y al tercer día resucitó según las Escrituras, y ascendió al cielo, donde está sentado a la derecha de Dios Padre...
>
> Y creo en el Espíritu Santo, Señor y dador de vida... que junto con el Padre y el Hijo es adorado y glorificado...

Estos son los grandes órganos de la verdad. Los creemos. Creemos en la justicia. Creemos en la resurrección de los muertos. Creemos en la Segunda Venida de Cristo. Creemos en la sangre del Cordero. Creemos en el poder redentor de esa sangre. Creemos en el señorío de Jesús. Creemos en la Trinidad. Creemos en el pecado del hombre. Creemos en el perdón de Dios.

Estos son los grandes órganos de la verdad. Si uno los saca de la Iglesia, no tiene Iglesia; solo tiene una organización religiosa. Póngalos en la Iglesia y déjelos funcionar, entonces tendrá una verdadera Iglesia.

Por esa razón creo que hay lugar en la Comunión (Santa Cena) de los hijos de Dios para personas que sostienen diferentes puntos de vista sobre cosas triviales. Así como hay lugar para un hombre pelirrojo en la iglesia también lo hay para el calvo. Hay lugar para un hombre bajito. También lo hay para un hombre alto y delgado. Así como lo hay para una mujer hermosa y también para una sencilla.

No decimos: "Todos deben ser pelirrojos o no pueden unirse a esta congregación", ni "Todos deben llamarse María o no pueden unirse a esta iglesia". Tampoco decimos: "Todos aquí deben llamarse Pedro".

Decimos: "Hay ciertas grandes verdades fundamentales en las cuales nos unimos". Entonces usted puede ser bajo o alto, pelirrojo, de cabello negro o sin cabello. Puede ser lo que Dios le ha hecho ser. Esa es la democracia cristiana en su máxima expresión: amarse unos a otros y ser uno solo.

Lo que la unidad no es

Ahora bien, ¿a qué me refiero con la unidad que trae avivamiento? Primero, déjenme decir lo que no quiero decir. No me refiero a la unidad basada en el miedo. En los círculos fundamentalistas, hace varias generaciones, había una jerarquía tan poderosa y rígida como la que controla la Iglesia Católica Romana. Por supuesto, sus líderes nunca fueron elegidos; se nombraban a sí mismos. Y si uno decía algo que no coincidía con las notas de la Biblia que usaban, uno quedaba excluido.

Cada individuo tenía que creer exactamente lo mismo que todos sobre cada tema, incluyendo la Segunda Venida y el anticristo. Crecí en ese tipo de ambiente y fui de los primeros en rebelarme y luchar contra ello.

La unidad de la que hablo no es la de una iglesia totalitaria en la que alguien, en el púlpito, dice qué creer y todos se sientan y afirman: "Sí, señor, sí, señor". Si predico algo y usted revisa su Biblia y encuentra que no es así, no quiero que lo crea. Quiero que venga y diga: "Hermano Tozer, me gustó su sermón, pero en esto se equivocó". Tenemos la Biblia que prueba si estamos en lo correcto o no.

Tampoco me refiero a la unidad basada en la pasividad y el compromiso. Para "mantenerse unidos", algunas iglesias practican la pasividad: a nadie le importa mucho, así que simplemente se comprometen. Esa es la hermosa unidad de los muertos. Supongo que no hay nada más unido que un cementerio. Todos allí, fueran demócratas, republicanos o patriotas, descansan juntos porque están muertos.

Cuando usted entra a una iglesia donde el pastor teme herir a alguien que es generoso con sus aportes económicos, que no adopta una posición firme en cuanto a algo y se cuida de lo que dice, ha de observar que todos se congregan alrededor de esa persona. Pero, aunque ese pastor está muerto, reúne a muchos otros muertos a su alrededor, y a eso lo llaman iglesia. No, no lo es en realidad; es simplemente un conjunto de muertos que temen opinar. Esa es la bella tolerancia de los muertos.

Qué es la unidad

Ahora bien, ¿qué quiero decir? Quiero decir que Dios revivirá la iglesia, pero la única manera en que lo hará es cuando exista una unidad de propósito entre nosotros para glorificar únicamente su Nombre. El Señor no preguntará si usted es arminiano o calvinista, le preguntará: "¿Estás decidido a glorificarme solo a mí?".

Para tener esa unidad, todos los hijos del Señor deben unirse en esto: debemos decidir glorificar al Señor y no buscar la propia honra. Procuro orar a menudo de la siguiente manera: "Oh Dios, bendice esta ciudad hoy. Y si debes bendecir otro lugar, hazlo, no a través de mí, sino de ti; bendice, Señor, a tu pueblo. Glorifícate". No quiero que Dios ate su bendición a mí; quiero que bendiga a cualquier hombre que cumpla las condiciones divinas en cualquier lugar.

Quiero participar de la bendición y quiero que mi iglesia también lo disfrute, pero deseo que Dios entienda que no estoy pidiendo con egoísmo, nada que se parezca a algo como: "Señor, bendíceme a mí y a mi gente". Quiero que Dios bendiga y honre dondequiera que las personas estén dedicadas a glorificar al Dios Trino, cada uno contento de que Dios use al otro si Él así lo desea, y sin que nadie busque su propio beneficio, sino el de los demás. Primero debemos estar unidos en nuestro propósito de glorificar únicamente al Señor.

Segundo, debemos estar unidos y profundamente enfocados en lo que el Señor está haciendo. La persistencia en lo espiritual a menudo se arruina por intereses secundarios. Dios quiere que su pueblo hable de Cristo, piense en Cristo, sueñe con Cristo, ame su Palabra y sus caminos, y esté tan dedicado a ello que su actuar y su conversación gire alrededor de Él. No creo que Dios pueda continuar bendiciendo ni enviar un avivamiento vivificante mientras no estemos absortos en las cosas suyas. Para lograr cualquier objetivo, hay que estar completamente dedicados a su consecución. Nadie ha logrado nada haciéndolo a medias. Los hombres que hicieron grandes cosas siempre fueron hombres dedicados.

Edison, para inventar la luz eléctrica y el fonógrafo, dormía solo cuatro o cinco horas por noche y trabajaba constantemente. Para componer grandes obras musicales, Tchaikovsky se quedaba despierto horas y horas mientras otros dormían. Mi opinión sobre la música de Tchaikovsky es tal que a veces me pregunto por qué simplemente no se acostó a dormir. Pero, en fin, lo que estoy diciendo es que, para lograrlo, tuvo que desvelarse y hacerlo.

Byron, uno de los grandes poetas ingleses, dijo: "Me encierro en mi habitación y trabajo hasta dieciocho horas seguidas, sin siquiera salir a tomar una taza de té". Y eso es decir mucho tratándose de un inglés. Así que uno tiene que estar verdaderamente interesado en algo.

Los atletas profesionales de cualquier categoría deportiva se dedican a su disciplina por completo. Hable, en cierta ocasión, con un joven que estaba completamente dedicado a ser torero. Me gustaría saber por qué. ¿Qué en el mundo podría persuadir a un hombre —una criatura hecha a la imagen de Dios, con capacidades para lograr maravillas, realizar hazañas y dejar su nombre para las generaciones venideras— para que dedique su vida a pelear con un toro? Medito en eso y recuerdo que nosotros, los cristianos, somos llamados a ser dedicados!

Hace poco leí las palabras de un gran líder cristiano que ha recorrido el mundo varias veces. Él dijo: "La única religión que he encontrado en el mundo que la gente no toma en serio es el cristianismo. Los budistas toman su budismo en serio. Los musulmanes toman su islamismo en serio". Pero los cristianos juegan demasiado con su fe. Tenemos la única verdad que puede salvar al mundo, y somos nosotros los que jugamos como niños en la plaza (Lucas 7:32). Debemos estar absortos en las obras del Señor.

Tercero, debemos ser uno y estar determinados a ver las maravillas de Dios. Recuerda, usted tiene tanto de Dios como quiera, y la Iglesia tiene tanto de bendición como quiera, no más. "Bienaventurados los que tienen hambre y sed de justicia, porque serán saciados" (Mateo 5:6). Así lo declara la poderosa Palabra de Dios, que no puede ser quebrantada. Si usted tiene sed, recibirá agua hasta saciarla; si tiene hambre, será alimentado hasta que se satisfaga. La Iglesia, como congregación de hombres y mujeres, tiene tanto de Dios como desee.

Debemos estar unidos en determinación de ver a Dios trabajar. Quisiera ver a Dios actuar de maneras extraordinarias para su pueblo. No soy un evangelista especializado en sanidad divina, pero me gustaría ver a Dios tocar a los enfermos y restaurar su salud. Me gustaría ver cosas que no se hacen en la iglesia promedio.

Debe haber unidad cuando oramos por el derramamiento de Dios. Orar es el método de Dios para obrar en la tierra. Jesús dijo: "Todo es posible para el que cree" (Marcos 9:23 DHH) y también: "Para Dios todo es posible" (10:27 NVI). La oración une a Dios con el hombre que ora y dice que Dios es omnipotente y el hombre orante es, temporalmente, omnipotente porque está en contacto con la omnipotencia.

Veo mucha falsa humildad que, en realidad, es falta de fe: personas que se critican todo el tiempo, que son tímidas y viven con miedo. No debemos ser así. "Acerquémonos, pues, confiadamente al trono de la gracia, para alcanzar misericordia y hallar gracia para el oportuno socorro" (Hebreos 4:16 RVR1960). Así que acerquémonos con valentía. ¿No deberíamos ser humildes? Claro que sí. Pero ningún hombre debe ser tan humilde que no se atreva a pedir, porque entonces estamos jugando a favor del diablo. Debemos ser humildes; pero también debemos atrevernos a pedir, a buscar y a llamar.

Debe haber expectativa. Tenemos que enfocar nuestras oraciones. Lo he dicho antes y lo repito: uno de los mayores obstáculos en la oración es hacerlo de manera vaga. Solía salir a practicar tiro con rifle en el estado de Pennsylvania. Todavía me gusta hacerlo cuando tengo la oportunidad. Disfrutaba usando un arma grande, como un ocho milímetros o un 30-30, porque ¡hacía "¡Boom!" y el humo salía volando, casi me caía; pero me sentía realmente grande. Pero si estaba disparando a algo, terminaba con la cara roja porque casi siempre erraba el blanco.

Asimismo, cuando un hombre ora de manera vaga, hace un gran "boom" y los demás dicen: "Ah, es un hombre de oración". Pero, ¿sobre qué está orando? ¿Ha escuchado Dios su oración o solo está disparando al cielo, sin objetivo alguno? ¿Cómo sabe usted si lo alcanzó o no?, si está disparando al costado de un granero. Tal vez le haya dado, pero puede que solo vea un agujero o un nudo en la madera. Dispare a un blanco definido y, si falla, diga: "No, no lo alcancé. Lo siento". Si oro por algo y Dios no me lo da, no le hace ningún honor a Dios hacerme creer que ya lo tengo.

Quiere ser lleno del Espíritu Santo y dice: "Muy bien, lo acepto". Eso es lo que usted piensa. Debería estar dispuesto a que Dios le ponga a prueba y saber si ha respondido su oración o no. Bueno, hay que tener expectativa.

También necesitamos unidad en la sumisión a nuestro Señor entre nosotros. Con esto me refiero a la fusión de nuestras mentes para abrir un camino al Señor, a la creación —a partir de muchas voluntades— de un hermoso mosaico que sea útil para el obrar de Dios. Significa estar unidos en nuestra resolución de apartar lo prohibido.

Los estándares morales son muy bajos en los círculos evangélicos modernos. Nunca tendremos un avivamiento hasta que nos unamos para apartar lo prohibido: diferencias públicas y privadas, pecados personales. Si hay diferencias públicas, deben resolverse públicamente; si son privadas, deben resolverse en privado. Debemos estar unidos, no como en un cementerio por miedo a pensar, sino unidos con la determinación de glorificar al Señor.

El Salmo 133 dice que el hecho de que estuvieran unidos y habitando juntos en armonía, era como el precioso ungüento derramado sobre la cabeza de Aarón que descendía sobre su barba hasta los bordes de su vestidura. Dios ungió con el Espíritu a Jesús, no lo bautizó con el Espíritu Santo; solo lo ungió. Al ungirlo, el aceite fluyó abundantemente desde su cabeza hasta su cuerpo.

Al igual que el cuerpo de Aarón derramaba aceite, empapando su ropa y despidiendo un olor grato sobre su cabeza, la vida en unidad entre el pueblo del Señor trae una bendición especial, una unción que desciende sobre nosotros. Es la misma unción que corrió sobre la cabeza de Jesús, es decir, el Espíritu Santo, y que ahora desciende sobre todo su pueblo. Usted y yo somos miembros de ese cuerpo del cual Jesús es la cabeza; además, el aceite que fluyó sobre Él puede fluir sobre su cuerpo —que somos usted y yo— de manera que podemos mantener la unidad en Cristo. La vida del Espíritu Santo vino sobre la cabeza de Jesús y ahora viene sobre usted y sobre mí así como sobre todo el pueblo de Dios que habita en unidad.

¿Es posible que Dios pueda bendecirnos? ¿Tenemos esa unidad de propósito para glorificar solo al Señor, esa dedicación a la obra del Señor, esa determinación de ver al Señor obrar, esa unidad en la expectativa presente, esa sumisión al Señor y esa resolución de apartar todo lo que obstaculiza? Si es así, entonces somos un pueblo unido y podemos esperar en cualquier momento que el aceite que fluyó sobre la cabeza de Jesús destile sobre nosotros, trayendo aceite, bendición y vida para siempre.

CAPÍTULO 7

CINCO PRINCIPIOS PARA UNA VIDA SANTA

Honrad a todos. Amad a los hermanos.
Temed a Dios. Honrad al rey.
—1 Pedro 2:17 RVR1960

No sé si usted vive según principios y reglas o no, pero yo tiendo a hacerlo. No me gusta vivir "a la deriva" ni "improvisar" todo el tiempo. Me agrada tener un plan ante mí para saber hacia dónde voy.

Cuando se trata de vivir en este orbe complejo —el único en el que esperamos vivir antes de llegar a disfrutar en ese gran mundo de Dios arriba— debemos apoderarnos de ciertos grandes principios. Un gran principio afecta toda tu vida; es un clavo puesto en un lugar estratégico, algo sobre lo cual edificar, algo por lo cual guiarse, una viga sobre la cual apoyarse.

Por lo tanto, le brindo cinco principios para vivir. Si los acepta y los pone en práctica, verá que estabilizan su vida y le hacen florecer, prosperar y crecer.

Honrar todas las cosas

El primer principio es *honrar todas las cosas*. Dios hizo el mundo; es algo hermoso y digno de honra. Hemos sufrido una gran pérdida —una pérdida trágica— en la última generación. Hemos perdido la capacidad de maravillarnos. Sabemos muchísimo y estamos muy seguros de nosotros mismos. Pero David se detenía y se maravillaba ante la creación de Dios; por eso alzó sus ojos y dijo: "¿Qué es el hombre, para que tengas de él memoria?" (Salmos 8:4 RVR1960). E Isaías, Jeremías y Ezequiel con todos los demás se detenían y se maravillaban ante la creación del Dios todopoderoso.

El Antiguo Testamento es una rapsodia sobre la creación de Dios. ¿Ha notado alguna vez el Salmo 104? El salmista empieza alabando a Dios, luego continúa hablando de cómo Dios estableció las aguas, hizo de las nubes sus carros y cómo camina sobre las alas del viento. Las aves, los montes, las cabras, las peñas, los conejos, la luna y las estaciones, el sol y la oscuridad, las bestias del bosque, la tarde y la mañana, la tierra y el vasto mar, de todo eso habla el hombre de Dios allí, en una maravillosa rapsodia deleitado ante la creación.

Todo es un milagro resplandeciente. No solo es un prodigio cuando Cristo convierte el agua en vino;

también es un portento cuando el sol amanece con sus rayos sanadores, disipa la neblina, hace brotar la yerba, saca a la rana a croar a orilla del río, pone al pez a nadar y al ave a trinar y cantar en su vuelo por el aire. Toda la obra de las manos de Dios es un milagro maravilloso. Si lo supiéramos, descubriríamos que vivimos en un mundo que no es una tierra perdida, fragmentada ni en tinieblas. Es la puerta trasera del cielo y, si afinamos bien el oído, podemos oír cantar a los ángeles.

Las huellas de Dios están por todas partes. Y aunque no podamos verlo, podemos ver su rastro resplandeciente como el de un pájaro que canta oculto en un árbol. Como dijo Middleton: "El ave canta en lo oscuro". No podemos ver al ave, pero podemos oírla cantar. Dios canta entre sus ramas y canta en su universo. Usted y yo no podemos contemplarlo, porque nadie puede ver a Dios y vivir. Pero podemos oírlo cantar su canción de creación y redención. Y podemos sentir la presión de su aliento sobre nosotros mientras nos movemos por el mundo. Nunca veremos las cosas correctamente hasta que las veamos como los vestidos de Dios.

Un viejo inglés escribió una vez: "Tu disfrute del mundo nunca es pleno hasta que cada mañana despiertas en el cielo y te ves en el palacio de tu Padre; miras los cielos, la tierra y los goces celestiales del aire, con tal reverente estima por todo como si estuvieras entre los ángeles. La esposa de un monarca en su recámara con su marido no tiene tal deleite como tú".

Vivimos en el mundo que Dios ha hecho. Por lo tanto, debemos recordar que este es una ventanilla a través de la cual, si miramos con atención, podemos ver aunque sea tenuemente los vestidos de Dios mientras Él pasa. Por tanto debemos aprender a vivir con esa expectativa. Pero nos hemos secularizado; hemos permitido que los mercaderes y los científicos nos arrastren hacia abajo, volviéndonos seculares y mundanos. Deberíamos ser todos poetas; deberíamos ser todos músicos.

Yo no puedo tocar un instrumento, pero soy músico de todos modos. Y nunca escribí mucha poesía, pero soy poeta de todos modos. Y usted también lo es, todos lo somos cuando podemos ver al Dios todopoderoso en su mundo y oír su voz llamándonos. Salimos al mundo y no vemos nada más que a Dios.

William Blake, el gran poeta inglés, estaba de pie a orillas del mar muy temprano por la mañana, mirando hacia el oriente sobre las aguas mientras salía el sol. Un hombre se acercó y se situó a su lado; el amanecer llegó, coloreando todo el cielo oriental, cuando las pequeñas olas tomaron el color y comenzaron a romperlo en mil pedacitos brillantes. Entonces Blake se volteó y le dijo al hombre que estaba junto a él: "¿Qué ves?".

El hombre, que era un comerciante de Londres, respondió: "Eso me parece una moneda de oro; ahí veo un soberano. ¿Y tú qué ves?".

Blake dijo: "Veo la gloria de Dios y oigo a una multitud de huestes celestiales clamar: Santo, santo, santo, Señor Dios Todopoderoso".

Ahí tienes la diferencia, hermano mío. Ese es el mundo distinto en el que usted vive: si vive en un mundo donde ve monedas de oro en los cielos y en el sol, o si ve la gloria de Dios y oye la voz de los serafines cantando:

"Santo, santo, santo es el Señor de los ejércitos; toda la tierra está llena de su gloria" (Isaías 6:3). Por tanto, honre todas las cosas.

Debemos aprender a vivir así. No permitir que los mercaderes, los científicos, los hombres mundanos nos arrastren a lo profundo. Si es comerciante, no se enoje. Yo trato con los comerciantes; les compro y les vendo. A veces vendo mis libros, así que también soy comerciante. Por tanto, no se moleste conmigo. Solo recuerde que la mentalidad de comerciante, la mentalidad de estadista, no es lo que Dios busca. Él busca hombres que puedan romper las bóvedas y los depósitos de almacenamiento, que no estén atados a sus billeteras ni a sus ganancias, y ver a Dios en su hermoso mundo. Así que honre todas las cosas.

Estimar a todos los hombres

El segundo principio es *estimar a todos los hombres*. ¿Por qué debo estimar a todos los hombres? Porque portan la imagen de Dios. Aunque caídos, dañados, feos y perdidos, la fe conoce su verdadero valor. La fe sabe que todo hombre —cualquiera, en cualquier parte— tiene la capacidad y el potencial de convertirse en cristiano. Y todo hombre —aun aquellos cuyas mentes están llenas de impurezas y cuyos corazones meditan el mal y planean obras oscuras en sus camas— tiene la capacidad de conocer a Dios y de realizar hechos poderosos para Él.

A veces, los coleccionistas de arte encuentran una vieja obra maestra y contratan a expertos que saben cómo restaurarla. Y ahí está, un antiguo cuadro cuarteado, ahumado y en terribles condiciones; nadie ve nada en él excepto esos hombres de ojos agudos. Esos expertos saben que es un Da Vinci o un Rubens, y lo restauran. Conocen todos los químicos que quitarán la suciedad sin dañar la pintura. Al poco tiempo, resplandeciendo ante ellos está una antigua obra maestra, tan hermosa como el día en que fue creada.

Así, de esa misma manera, el mundo mira a cualquier hombre y juzga: "Ese no sirve para nada". O miramos la apariencia de algunos y decimos: "Es un hombre negro; aquel un hombre amarillo; ese otro es un hombre rojo; aquel es basura blanca", olvidando que la Biblia dice que "De un solo hombre [Dios] hizo todas las naciones para que habitaran toda la tierra" (Hechos 17:26a). No estamos mirando a un hombre negro, blanco, rojo o amarillo; vemos a un hombre hecho a la imagen de Dios que simplemente tiene un poco más o un poco menos de pigmentación en su piel. Pero por dentro, es igual a cualquier otro hombre en el mundo.

¿Sabe lo que decían sobre la esposa del coronel en *Judy O'Grady*? Somos hermanas bajo la piel. Y no hace falta pinchar muy profundo para encontrar a la esposa del coronel bajo una criada, que es la misma mujer. Tenemos fe en el hombre porque sabemos que fue hecho a la imagen de Dios.

Por eso camino por ahí con algo parecido a una sonrisa en mi corazón cuando escucho a todos esos alarmistas que nos dicen que vamos a volarnos, nosotros mismos, de la faz de la tierra. Dicen que vamos a ser atomizados y que ni siquiera habrá nadie para enterrar el polvo atómico. Yo no lo creo ni por un segundo. No creo que esté en el Libro; no creo que el hombre hecho a la imagen de Dios vaya a destruir al hombre. Creo que sí puede destruir a muchos hombres; hacer estallar ciudades es ahora el deporte moderno al aire libre en estos últimos días terribles. Pero la raza humana seguirá adelante porque Dios nos hizo, y debemos honrar al hombre, honrarlo por lo que puede llegar a ser.

Había una mujer llamada Bluebird, que vivía en Mulberry Bend, en el Bowery de la ciudad de Nueva York, hace una generación. Era una mujer cuya vida entera estaba entregada al diablo. Usaba drogas; bebía; fumaba; vivía de todas las maneras que Pablo dice que ni siquiera deberíamos mencionar. Era ese tipo de mujer —una mujer vil, malvada— que se la pasaba en la cárcel.

Una dama del Ejército de Salvación fue a visitarla y se quedó afuera, diciéndole que la amaba, lo que le repetía una y otra vez. Bluebird la maldijo y la echó, pero ella volvió y le dijo lo mismo de nuevo. Bluebird volvió a maldecirla y a echarla. Y ella regresaba una y otra vez. La mujercita con el sombrerito raro y la pequeña banda roja siempre volvía.

Hasta que un día, finalmente, Bluebird le dijo: "Dices que Dios me ama. Pero tú no me amas". A lo que la dama respondió: "Sí te amo". Bluebird replicó: "No me amas; solo haces tu trabajo. Te pagan por hacer esto. Solo paseas por los barrios bajos. Si me amas, me besarías". Bluebird estaba sucia con su cabello enmarañado.

Entonces la joven del Ejército de Salvación extendió la mano a través de los barrotes, metió su cara lo más que pudo, agarró a Bluebird, levantó su rostro sucio y la besó delicadamente. Y Bluebird cayó sollozando sobre el piso de piedra de la prisión con el alma conmovida. Lloró tanto que recordó los días de su niñez, de su inocencia y de su pureza cuando iba a la escuela dominical y le enseñaron que "Dios es amor".

Allí, con toda su humanidad en el piso y llorando, entregó su corazón a Dios.

Un poco más tarde, Bluebird fue indultada y puesta en libertad. Acto seguido se unió a un grupo cristiano, supongo que al Ejército de Salvación, y vivió solo unos tres meses después de su conversión. Pero su testimonio se conoció en cada taberna, cada guarida de pecado y cada casa de mala fama donde había estado, contando lo que Dios había hecho por ella. Cuando murió, dicen que la procesión fúnebre era tan larga que la policía tuvo problemas para controlar la multitud. Antes, había sido la inmundicia de las calles en Mulberry Bend, pero ahora era verdaderamente una santa.

Honra a todos los hombres, no por lo que son, sino por lo que pueden llegar a ser por la sangre del Cordero y la renovación del Espíritu Santo.

Hoy hay entre nosotros filosofías sin Dios que nos dicen que solo somos animales. De estas filosofías han surgido los estados totalitarios—el nazismo, el comunismo, el fascismo y todos los demás. Pero el cristiano honra la vida humana porque, como aquel cuadro pobre y sucio de un da Vinci o un Rubens, la vida humana lleva en sí los indicios y trazos de la inmortalidad.

Cuando el Dios Todopoderoso, por medio de Su Hijo Jesucristo, toma esa obra maestra caída y la restaura, verás brillar nuevamente en ella el rostro de Jesucristo. Porque Cristo se hizo hombre y fue carne para caminar entre nosotros.

Amar a la hermandad

El tercer principio es *amar a la hermandad*. Esto significa, por supuesto, la hermandad de las almas redimidas, relacionadas por una vida más sublime que la de la carne.

Usted y yo vivimos en dos planos: el natural y el espiritual. Tenemos una hermandad natural. El viernes al mediodía me senté a escuchar lo que había llamado sarcásticamente "la coronación" [la inauguración de John F. Kennedy]. Confieso que me fue difícil contener las lágrimas. Mi carne es estadounidense.

Pero hay algo más grande, más alto y más noble que eso: la hermandad en el Espíritu. Encuentro entre cristianos de todas las naciones una cercanía, una calidez que no siento ni siquiera por mis compatriotas; claro está, a menos que sean cristianos.

La persona que se sienta a su lado en el banco puede ser un desconocido para usted y solo haber entrado, como decimos, "de visita a la iglesia". Pero si esa persona es cristiana, está más cerca de usted que su hermano de sangre, más cerca que su padre no convertido, más cerca que cualquier pariente que tenga si no es salvo. Tengo parientes que son salvos y, por supuesto, están muy cerca de mí. Y tengo algunos que no lo son, pero

—con estos— me cuesta sostener una conversación interesante después de media hora de hablar sobre viejos amigos y antiguos tiempos en la granja en Pensilvania.

Sin embargo, nunca me quedo sin algo que decirles a los hijos de Dios, ¡nunca! Con los hijos de Dios tengo la eternidad para hablar de nuestras cosas.

> Los que temían al Señor hablaron entre sí, entonces él los escuchó y les prestó atención. Entonces se escribió en su presencia un libro de memorias de aquellos que temen al Señor y honran su nombre. "El día que yo actúe ellos serán mi propiedad exclusiva —dice el Señor de los Ejércitos—. Tendré compasión de ellos, como se compadece un hombre del hijo que le sirve".
>
> —Malaquías 3:16-17

La hermandad de los santos es una fraternidad dulce y maravillosa. Y aunque ellos pueden excluirme, si son cristianos, yo los incluyo. ¿Cómo dice aquel pequeño poema?

> Él trazó un círculo para excluirme a mí:
> hereje, rebelde, alguien a quien despreciar.
> Pero Amor y yo supimos cómo vencer;
> trazamos un círculo que lo incluyó a él.
>
> —Edwin Markham

Recuerdo una vez, en Chicago, que nos quedamos sin espacio para la escuela dominical. Había una Iglesia

Luterana al otro lado de la calle, a la que le alquilamos las instalaciones de su escuela dominical. Al poco tiempo, no cabíamos allí, por lo que les solicitamos que nos alquilaran la parte de arriba: el auditorio, como lo llamamos. Ellos se reunieron y enviaron la respuesta: "Lamentamos no poder permitir a no luteranos en nuestro santuario".

Lo tomamos con una sonrisa forzada y nos mantuvimos fuera de su santuario. Pero no me engañaron. Si fueran cristianos de verdad, habrían dejado que estuviéramos adentro; no nos excluirían. Su directiva o consistorio, o como lo llamen, votó para dejarnos fuera, pero no debían dejarnos fuera; nadie debe hacer eso. A veces entro en grandes catedrales en las que siempre hay un pequeño lugar "sagrado" con un letrero que dice: "Los visitantes, por favor, no pasen de este límite". Pero no hay lugares sagrados en los que yo no pueda entrar, porque la Escritura dice: "Por lo tanto, ya que en Jesús, el Hijo de Dios, tenemos un gran sumo sacerdote que ha atravesado los cielos, aferrémonos a la fe que profesamos ... Así que acerquémonos confiadamente al trono de la gracia para recibir la misericordia y encontrar la gracia que nos ayuden oportunamente" (Hebreos 4:14, 16 NVI). De manera que puedo entrar al trono de la gracia, no hay lugar más santo que ese.

Cualquier cristiano es hermano mío, aunque me mire por encima del hombro y considere que yo no lo soy de él. Si es cristiano y yo también lo soy, algún día tomaré su mano en la gloria y le diré: "Te lo dije. Te lo dije. ¡Llegué por la sangre del Cordero! ¡Llegué!".

Recuerdo que una vez, en West Virginia, donde ejercí mi primer pastorado, teníamos a un querido santo llamado Hermano Breakiron, un nombre terrible para un hombre tan tierno y gentil como él; uno de los hombres más amables y piadosos que conocí en mi vida. Tenía un rostro que brillaba como el sol de la mañana. Sus oraciones y sus testimonios eran algo digno de oír. Pues bien, estaba hablando con un hombre que dijo: "No creo que nadie esté salvo hasta que haya sido sumergido".

Yo le respondí: "Bueno, no puedo discutir contigo; pero te haré una pregunta. ¿Qué te parece el hermano Breakiron? Es metodista y solo ha sido rociado. ¿Crees que sea salvo?". El hombre se frotó la barbilla y dijo: "No… quiero decir… realmente no sé qué decir". Era un viejito tan bueno que, con solo soltarle los cordones de los zapatos, agarraba vuelo y se iba al cielo. Pero este individuo lo excluyó por un tecnicismo doctrinal. Usted no puede hacer eso, amigo; más vale que lo deje. No se puede excluir a los hijos de Dios por un tecnicismo doctrinal. Hay que amar a la hermandad.

Temer a Dios

El cuarto principio es *temer a Dios,* Dios el Padre Todopoderoso, Creador del cielo y de la tierra, su único Hijo, Jesucristo, y el Espíritu Santo, el Consolador. Este temor no tiene que ver con "tenerle miedo"; significa "asombro reverente". Esto puede ser cualquier cosa, desde el pavor de un alma culpable hasta la adoración sobrecogida de un santo tembloroso.

La clave para entender correctamente la existencia es de naturaleza teológica. Con esto quiero decir que, antes de poder entender cualquier cosa de manera adecuada, debemos comenzar con Dios. Las cosas solo pueden verse con claridad cuando las miramos desde el santuario. Si uno está fuera del santuario intentando encontrar una llave escondida, nunca la encontrará, porque es Dios quien hizo el cielo y la tierra. Y la palabra "teológica" viene de la palabra griega para Dios —*Theos*— y es Dios quien da significado a todo. Por lo tanto, es apropiado y correcto decir que la clave para el recto entendimiento de la existencia es teológica.

Una vez dije en un servicio en el que predicaba que todos los problemas eran, en el fondo, teológicos y que no se podían resolver sin acudir a la teología. Y justo después del servicio, una joven bajó al frente; supongo que era una chica de secundaria. Su padre estaba con ella; era un químico muy brillante, involucrado en investigaciones secretas de alto nivel para el gobierno. Ella me dijo: "Pastor, le oí decir que todos los problemas debían tener teología en ellos para poder resolverse adecuadamente. ¿Cómo se podría resolver un problema matemático apelando a la teología?".

El padre de la joven permaneció sonriendo a su lado y dijo, en mi defensa: "Las matemáticas requieren franqueza. Uno tiene que ser completamente franco para llegar al resultado correcto en los problemas matemáticos. Y el pastor tiene razón al decir que la doctrina de la franqueza total y de la absoluta honestidad debe aparecer incluso en las matemáticas".

Bueno, las matemáticas no son exactamente mi campo. Yo me interno en matemáticas superiores cuando llego a $3.98. Pero me alegró tener esa explicación y esa defensa: que incluso un problema matemático necesitaba que un hombre honrado lo resolviera, o saldría mal; y la honestidad es parte de la teología.

La filosofía trata de descubrir la razón de las cosas y de desentrañar el enigma de la existencia. Y lo intenta buscando... los filósofos lo intentan buscando en el interior de sus propias cabezas. Pero, en realidad, no hay demasiado en nuestras cabezas, y como están obligados a permanecer dentro de los límites de su propio cráneo, el resultado es —por supuesto— decepcionante. Nunca llegan a la verdadera razón de la existencia porque buscan dentro de sus pequeñas y oscuras cabezas con una linterna, y no encuentran mucho. De modo que la filosofía nunca ha podido darnos la verdadera respuesta a las preguntas de la vida.

La ciencia, en nuestros tiempos, ha ocupado el lugar de la filosofía —y de la teología también—; e intenta con la búsqueda racional del conocimiento en la naturaleza. La filosofía busca el conocimiento en la mente de los filósofos y la ciencia lo busca en la naturaleza. Allí el conocimiento se obtiene por la observación y el experimento. Pero ni siquiera el científico puede entender la vida. La clave está en Dios. Y por eso, el hombre piadoso es el verdadero sabio. El hombre que conoce a Dios conoce la Fuente y el Manantial de todas las cosas; él tiene la llave que lo abre todo.

Antes empleaban una expresión que ya no se usa mucho: "Era un hombre temeroso de Dios". Me gusta esa expresión. Pero ya no se usa. Pasar por este mundo — este mundo carnal, secular, maligno, donde el diablo agita constantemente su cola y uno puede sentir su aliento caliente en la nuca— en calidad de un hombre temeroso de Dios es un gran logro. Le aseguro que solo Dios puede capacitarnos para hacerlo. Así que, tema a Dios.

Honrar al rey

El quinto principio es *honrar al rey*. ¿Qué queremos decir con eso? Esto vuelve a nuestro segundo principio: estimar a todos los hombres. Estimamos a todos los hombres por su humanidad, porque fueron hechos a imagen de Dios. Y honramos al rey como monarca porque deriva su honor real del valor exaltado de los hombres a quienes gobierna.

Creo en el gobierno humano, sea una democracia, una monarquía o lo que sea. Pero no me dejo engañar por la gente. Un rey o una reina obtiene y recibe su honor no de su propio interior, sino de la honra de las personas que gobierna. La filosofía del gobernante sostiene que el ser humano —sea presidente, rey o reina— ocupa un alto puesto de honor, precisamente porque gobierna sobre otros seres humanos que también poseen un alto valor.

John Fitzgerald Kennedy pronunció su sencillo juramento de investidura y luego se sentó frente a un gran escritorio. Era presidente de un gran país. Pero siguió siendo un irlandés y nada más. Su honor proviene de 182 millones de hombres y mujeres hechos a imagen de Dios que votaron por él. Por otro lado, esa hermosa y gentil dama que ejerció en Inglaterra como reina, por agraciada que haya sido, siguió siendo una mujer, sencillamente. Obtuvo su honra y su gloria por parte del Commonwealth, del pueblo sobre el que impera. La gloria del rey proviene del pueblo, y la gloria del pueblo proviene del Dios que los hizo a su imagen. Esa es la filosofía de los reyes, las reinas y los presidentes, en la que yo creo. Es más, pienso que valoramos e incluso honramos al gobierno humano porque Dios lo estableció. Y honramos a los reyes, las reinas, los presidentes y los gobernantes porque Dios los puso sobre su pueblo.

En resumen, lo que trato de decir es que debemos honrar todas las cosas porque Dios las hizo y porque su creación es el vestido de la Deidad. Debemos estimar a todos los hombres porque fueron hechos a imagen de Dios. Debemos amar la fraternidad de los redimidos porque Cristo los redimió y son de nuestra especie espiritual. Debemos temer a Dios por lo que Él es, y debemos honrar al rey porque Dios lo colocó en su posición para gobernar sobre su pueblo, al que hizo a su imagen.

Hace un tiempo escuché dos discursos, uno de un presidente saliente y otro del mandatario entrante. El primero incluyó una oración como parte de su discurso. Habló, pero gran parte de sus palabras fueron una oración. El otro hombre mencionó a Dios una sola vez, como si fuera alguien que —claro— debía ser reconocido… pero que probablemente estaba por ahí, aunque no supiéramos dónde.

Y esa es la diferencia, hermanos míos. No hace falta ser demasiado brillante si uno conoce a Dios. Toda la genialidad del mundo no resolverá las cosas si uno no conoce a Dios. Así que comenzaremos con Dios: comenzaremos donde empieza la Biblia, donde comenzó la creación y el tiempo.

CAPÍTULO 8

LA COMUNIÓN DE LOS SANTOS

Si cuando comen y beben, no consideran (o peor aún, no les importa) el cuerpo partido del Señor, se arriesgan a sufrir graves consecuencias.

—1 Corintios 11:29 BEM

Es bien sabido que el ser humano está atrapado en un extraño dilema entre el deseo de Dios y el temor a Él. El anhelo de Dios es antiquísimo. El apóstol dijo, al predicar a los griegos, que “lo buscáramos. Él no quiere que andemos a tientas en la oscuridad, sino que lo encontremos (Hechos 17:27 BEM). La historia del mundo, desde que el hombre ha escrito y dejado sus pensamientos para que otros los lean, indica que existe un hambre por Dios.

Los hombres tienen hambre de Dios. Algunos se retiran a las montañas y las cuevas para tratar de cultivar una conciencia más profunda y conocer a Dios de ese modo. Otros, como muchos de India, dicen que solían emprender su camino hacia el río Ganges, donde caían de bruces (práctica conocida como *dandavat pranam*), y marcaban el lugar en el que su frente tocaba el suelo, caminando hasta ese punto y caían de nuevo. Y así, de caída en caída, avanzaban hasta la Madre Ganga (Ganges) con la esperanza de encontrar a Dios.

Sin embargo, también en nosotros existe un temor de Dios que acompaña nuestro anhelo por Él. En el libro de Génesis se nos dice que cuando Dios apareció en el huerto, Adán corrió a esconderse entre los árboles del huerto, y Dios tuvo que decirle: "¿Dónde estás?" (Génesis 3:9). Dios tuvo que iniciar la búsqueda y salir a buscar a Adán. Cuando nuestro Señor Jesucristo apareció, Pedro cayó a sus pies y le dijo: "Soy hombre pecador" (Lucas 5:8 RVR1960) y quiso huir de su presencia. Así, el hombre queda atrapado entre el temor y la fascinación. Hay en él una profunda atracción que lo impulsa a querer conocer a Dios, y a la vez un profundo temor que lo hace temerle.

Luego está el amor al pecado en el hombre, lo que oscurece el rostro de Dios, de modo que el hombre queda atrapado en esa terrible situación. Los griegos pensaban que en las montañas, los bosques y los picos rocosos encontrarían a Dios. Por eso llevaban novillas y guirnaldas de flores. Si usted tiene alguna pieza de porcelana china, sabrá que contiene pequeñas figurillas. En casi todos los casos, esas figurillas provienen de la mitología griega. En algunas piezas verá a un hombre llevando un animal a un altar para ofrecerlo en sacrificio a sus dioses.

Esa idea de que Dios está en algún lugar y de que debemos sacrificar y llevarle animales fue transmitiéndose a través de los siglos. Entonces Dios trajo la verdad a la luz, eliminó los errores, las fantasías y las sombras, y mostró aquello a lo que el Antiguo Testamento había aludido, para lo cual nos había preparado: que Dios aparecería como hombre. "He aquí, la virgen concebirá y dará a luz un hijo, y llamarás su nombre Emanuel, que traducido es: Dios con nosotros" (Mateo 1:23 RVR1960). Y cuando ya era adulto y enseñaba, dijo: "El que me ha visto a mí, ha visto al Padre" (Juan 14:9). Un hombre —no los hombres, sino un hombre— es el punto central de la manifestación divina, y ese hombre fue Cristo Jesús, el Señor; de modo que "donde están dos o tres congregados en mi nombre, allí estoy yo en medio de ellos" (Mateo 18:20 RVR1960).

Vengan en el nombre del Señor

Cuando nos reunimos para adorar, venimos en el nombre de nuestro Señor Jesucristo. Si usted trae consigo una mentalidad denominacional, le recomiendo encarecidamente que pida a Dios que le limpie de ella, porque no deberíamos apartar a los hijos de Dios en divisiones imaginarias. Desde la perspectiva de Dios ellas son imaginarias. Recuerde que somos una familia y nos reunimos en su nombre alrededor de la persona de Cristo.

En el capítulo 13 de Hechos se nos dice que se reunieron y ministraron al Señor. No era el predicador quien ministraba, sino las personas. Estaban allí adorando al Señor "en la hermosura de la santidad" (Salmos 29:2) y reunidos alrededor de la persona del Señor. Fue entonces cuando el Espíritu Santo les dijo: "Apártenme ahora a Bernabé y a Saulo" (Hechos 13:2 NVI). La iglesia llamó misioneros y los envió porque estaban adorando al Señor. Cumplieron las condiciones de la adoración del Nuevo Testamento y el Señor los bendijo, sonrió con ellos y dijo que eran dignos de que de allí salieran misioneros. Así que envió misioneros.

Ellos se reunían alrededor de Él, como espero que también nosotros lo hagamos en nuestro tiempo, conscientes de que Él está presente y que toda la Deidad está aquí, oculta de nuestra vista, en verdad, de nuestra vista más burda, pero presente. "Estaban todos unánimes juntos" (Hechos 2:1 RVR1960), dice la Escritura, cuando el Espíritu Santo vino sobre ellos. Nosotros ahora oramos: "Oh Señor, envía al Espíritu Santo para que podamos estar unánimes". Pero eso no es bíblico; porque el Espíritu Santo no vino para hacerlos unánimes; vino porque ya estaban unánimes. La música no viene para afinar tu piano; viene porque tu piano ya está afinado. No es la música la que afina el piano; es el piano afinado el que hace la música.

La palabra para "unánimes" es un término musical que significa "armonía"; aquellos discípulos ya estaban armonizados entre sí. Estaban en armonía los unos con los otros. Por eso el Espíritu Santo pudo venir sobre ellos y traer la música a sus corazones, porque eran uno. Pero debían llegar a ser uno antes de que el Espíritu pudiera venir sobre ellos y bautizarlos en el Cuerpo de Cristo.

No oremos: "Dios, envía al Espíritu Santo para que seamos uno". El Espíritu Santo no puede venir y hacer que dos diáconos que no se soportan o dos hermanas que sienten celos de la voz de la otra se vuelvan una. Pero si todos se ponen en orden, Él puede venir sobre ellos. Debemos arreglar nuestras vidas, para que entonces venga el Espíritu Santo. Él vino porque todos estaban unánimes en un mismo lugar.

Los cristianos de Corinto se reunían de esa manera, pero eran culpables de un grave error. Yo creo que, aunque la Comunión de los santos es tan amplia como todos los cristianos nacidos de nuevo, debemos ser muy cuidadosos en cuanto a mantener la fe de nuestros padres, cada uno de los postulados del credo cristiano. Hay un movimiento actualmente para recibir en la Comunión a personas que no sostienen la fe de nuestros padres.

Recuerdo lo que Pablo dijo acerca de dos hombres. Dijo que los había entregado a Satanás "para que aprendan a no blasfemar" (1 Timoteo 1:20). ¿Sabe en qué consistía la blasfemia? En enseñar que la resurrección ya había ocurrido. De alguna manera lo razonaron; sabe, fueron al griego original y demostraron, manipulando un texto contra otro, que la resurrección ya había pasado.

Hoy en día algunos habrían dicho: "Bueno, es simplemente un error. Están equivocados, pero son buenos cristianos; así que acéptenlos". Pablo dijo que tenían que aprender a no blasfemar. Es blasfemia enseñar y creer aquello que es contrario a las Escrituras. Por eso creo que debemos tener como fundamento de nuestra Comunión una firme teología del Nuevo Testamento.

No puedo ni debo enseñar que Dios puso los pecados del mundo sobre el diablo, como hacen los adventistas. Debo enseñar que Él puso los pecados del mundo sobre Jesús, el Cordero de Dios sin mancha, y que Él los llevó todos y nos libera de esa carga maldita. Si no enseño eso, blasfemo, porque estoy enseñando una doctrina que no es verdad.

No debo enseñar que soy salvo por gracia y por guardar la ley. Debo enseñar que soy salvo por gracia sola, sin las obras de la ley o, de lo contrario, estoy blasfemando. Tampoco debo enseñar que las almas de los justos, cuando mueren, duermen en la tierra hasta la resurrección. Debo enseñar que las almas de los justos, cuando mueren, van a estar con su Señor a la diestra de Dios con el Salvador, y vuelven y se reúnen con sus cuerpos en la venida de Cristo. Esta es la fe histórica y tradicional de nuestros padres, y la enseñanza del Nuevo Testamento.

Sea fuerte y valiente

Creo que debemos ser fuertes y valientes y, si es necesario, luchar por la fe de nuestros padres, la fe una vez dada a los santos. Usted le da al diablo un centímetro y él se agarra un kilómetro. Permita que el camello del diablo meta su hocico sucio en la tienda y, para las nueve de la noche, ya tendrá adentro toda la joroba. Así que mantenga al diablo fuera. Manténgalo lejos de su doctrina y de su púlpito.

Por eso, durante los treinta y un años que fui pastor en Chicago, permanecí con un garrote delante del púlpito. Ningún hombre podía predicar allí a menos que yo supiera que era digno de hacerlo, moral y doctrinalmente. Las ovejas no sabían cómo las protegía.

En Chicago, ese gran centro religioso, todos querían hablar. Cierta vez, un hombre corrió por el pasillo en dirección a mí; quería debatir conmigo acerca del bautismo. Yo le dije: "No, gracias".

Otro quería venir a predicar sobre lo que había visto cuando fue capellán de una prisión. Quería hablar acerca de la silla eléctrica. Dijo: "Quiero venir y colocar una silla eléctrica en su plataforma". Añadió: "Y quiero contar la historia de cómo vi colgar a una mujer tan pesada que su cabeza se desprendió".

Le escribí una misiva. Era una carta cristiana, que no temo enfrentar en el día en que el Señor juzgue los secretos de los corazones de los hombres. ¡Pero probablemente se puso rojo como una langosta cocida cuando la leyó!

"Mi amigo", le dije, "si usted ha hecho algún bien entre los prisioneros, me alegro. Y si ha traído consuelo a alguno de los muchachos que, por sus crímenes contra la sociedad, tuvieron que pagar el precio final, también me alegro. Pero la idea de que usted pueda colocar una silla eléctrica en mi plataforma y contarles a los santos boquiabiertos historias horribles de mujeres cuya cabeza se desprendió, está por debajo de la dignidad de la Iglesia de Cristo".

Y añadí: "El hecho de que pueda venir a recolectar una ofrenda en la puerta y que los santos atónitos y boquiabiertos arrojen sus billetes en su sombrero no es prueba de que usted tenga razón; es evidencia de la trágica condición de apostasía en que se encuentra la Iglesia". No volví a saber de él.

Otro sujeto vino con una máquina que procesa papel de desecho y lo comprime en una paca. Dijo: "Anuncie a su congregación: 'Traigan todo su papel de desecho a la iglesia'. Nosotros lo embalamos para que usted pueda venderlo y tener dinero para pagarle al predicador y mantener la iglesia y su programa misionero".

Le dije: "Señor, allí está la puerta. Quiero que llegue a ella lo más rápido que pueda. No quiero que mi junta directiva sepa que siquiera hablé con usted. Si supieran que permití que usted me hiciera una propuesta así, me tendrían en la mira. En esta iglesia, metemos la mano en el bolsillo del pantalón, sacamos el dinero, lo agarramos y lo ponemos silenciosamente en la ofrenda. Así es como recibimos nuestras ofrendas. No embalamos papel de desecho".

¿Puede usted imaginarse que si Dios envió a su Hijo unigénito —lo mejor que tenía—, si este derramó su sangre —lo mejor que tenía— y si los apóstoles dieron sus vidas —lo mejor que tenían—, nosotros traigamos a Dios papel de desecho?

Así que levanté un muro de fuego alrededor de ese púlpito. Nadie podía predicar o hablar a ninguno de los grupos a menos que estuviera bien. Una vez, un hombre logró atravesar la barrera. Cuando lo conocimos, era un cristiano nacido de nuevo y evangélico. Luego fue al seminario y perdió su fe, pero no lo sabíamos, así que éramos inocentes. Le permitimos hablar con los jóvenes, en presencia mía.

Él se levantó, nos miró con desdén a nosotros, seguidores anticuados de la religión de antaño, y procedió a desarmar la fe de nuestros padres, postulado tras postulado. Terminó y dijo: "Ahora, estoy dispuesto a responder preguntas". Se sentó, y hubo un silencio que podía cortarse con un cuchillo; nadie dijo nada. Finalmente, el encargado de los jóvenes se levantó y dijo: "Por favor, pónganse de pie. Seremos despedidos en oración".

Todos se levantaron y fuimos despedidos en oración, mientras el hombre inclinó la cabeza y se retiró silenciosamente. Él pensaba que iba a haber pelea, usted sabe. Creía que nosotros, los cristianos, nos levantaríamos a discutir con él. Pero nadie dijo una palabra. Habían sido demasiado bien entrenados. No iban a discutir con un hombre que había perdido su fe. No iban a armar un alboroto y causar resentimientos. Simplemente lo dejaron morir (figurativamente). Cuando al fin se marchó, el encargado dijo: "Bueno, adiós, gracias por venir", y allí terminó todo.

No acepte todo

Creo en la comunión entre los cristianos, pero no en exagerar y aceptar todo. Vendrá el día cuando las ovejas serán separadas de los cabritos, y yo no voy a abrazar a ningún cabrito si sé que lo es. Que el Señor se encargue de separarlos y tratar con ellos. Yo no los condeno ni los maldigo; simplemente no los recibo en mi comunión. Por eso debería ser difícil hacerse miembro de una iglesia; no queremos cabritos en la comunión. Si comienza a dejar entrar cabritos, muy pronto tendrá un nido de cabritos en vez de un redil de ovejas.

Aun así, no creo que debamos atacar a los cabritos. Algunos predicadores, que Dios los bendiga, están tan ansiosos por mantener la fe de nuestros padres que entran al púlpito con un garrote para golpear a los cabritos. No creo que sea buena idea.

Un predicador sureño me dijo que sabía que había cabritos en su congregación y que decidió ir tras ellos. Así que preparó un sermón con el que iba a pulverizarlos. Dijo: "No quedará un cabrito. Los destruiré. Se irán de aquí". Pasó tres semanas elaborando ese sermón. Era su sermón y enfatizó que el Señor no tuvo nada que ver con él.

"Subí al podio", me contó más tarde, "y por una hora descargué el sermón. Cuando terminé, había lana de cordero por todo el edificio. Pero los cabritos estaban todos allí, frotándose las manos y diciendo: 'Amén, hermano. Dale más'". Los cabritos no fueron afectados. Por eso no creo en atacarlos desde el púlpito. Ellos no creen la verdad ni viven correctamente; pero los santos del Señor sí deberían vivir bien y creer la verdad.

Los cristianos de Corinto creían la verdad; pero habían cometido un error. No percibían la presencia del Señor en la Comunión. Comían y bebían "sin discernir el cuerpo del Señor" (1 Corintios 11:29), es decir, sin reconocer que el Señor estaba presente. Comían y bebían, pero lo hacían de una manera indigna, acarreando juicio sobre sí mismos porque no se daban cuenta de que el Señor estaba allí.

No celebraban la Comunión de la manera apropiada. Así que cuando este sentido de la presencia del Señor en la Comunión se perdió en la iglesia, esta comenzó a deslizarse. Encontrará en Apocalipsis 2 y 3 que su amor se enfrió, su vida moral se degeneró, su doctrina se torció y llegaron a tener nombre de que vivían, pero estaban muertos. A medida que los años pasaron y los siglos siguieron su curso, por no haber observado o discernido la presencia del Señor en la Comunión, no estaban teniendo el tipo correcto de Comunión.

Uno puede tener comunión con muchas cosas. Uno de nuestros seis hijos jugaba béisbol para la Marina y fue invitado a jugar para los Boston Red Sox, pero rechazó la oferta. "Cuando yo jugaba béisbol", me dijo una vez, "lo hacía porque me gustaba. Jugaba el partido y me iba a casa. Pero algunos de los otros jugadores eran fanáticos. Se reunían y hablaban de 'frotar el bate hasta el hueso' —lo que eso significara—, sobre promedios de bateo, curvas y todo eso. Me aburría. Yo quería salir de allí. Me gusta el béisbol, pero no tanto".

Para ser un buen beisbolista, usted tiene que vivir para eso, llevarlo en la sangre. Aquellos hombres tenían comunión; pero una comunión más bien indigna, diría yo. Es la comunión del deporte, la comunión del béisbol, y conocen a todos los jugadores desde Honus Wagner. Yo he visto algunos juegos; pero eso no me interesa tanto.

Cristo es el centro

En verdad, "nuestra comunión es con el Padre y con su Hijo Jesucristo" (1 Juan 1:3). Y verdaderamente nuestra comunión es con los santos y con los hijos de Dios. Por lo tanto, cuando tenemos comunión, en vez de hablar interminablemente de algún asunto local, política, literatura, música o deportes —hablamos un poco de ello porque naturalmente estamos interesados en lo que sucede alrededor— nuestro gran interés está en Jesucristo el Señor. En ello radica nuestra comunión. Cristo es nuestro centro de comunión. Y la Iglesia tiene a Cristo como su centro de comunión; no al pastor ni a la junta directiva, no al director del coro ni a los ujieres. Todos somos uno en Cristo Jesús y nadie más que Jesucristo es el centro de atracción.

La gente se ha quejado del cristianismo institucionalizado, pero yo digo que la iglesia no es una institución. Es más que una organización; es un organismo. Es un grupo de personas nacidas de nuevo que reconocen a Jesucristo como su Señor. Pero si una iglesia es solo una institución organizada y manejada por una constitución, con cargos de autoridad asignados a ciertos hombres, puede que no sea una iglesia en absoluto. Sin embargo, si es una comunión de los santos, un grupo de creyentes reunidos alrededor de la magnética persona del Hijo de Dios, entonces sí es una iglesia.

Los corintios olvidaron que Cristo era el centro de atracción, por lo que Pablo tuvo que escribirles y reprenderlos. Si estamos aquí por cualquier otra razón, entonces más vale que atendamos a la advertencia del apóstol: "Por eso muchos se encuentran desfallecidos y enfermos, y otros han muerto de forma prematura. Si entendemos esto ahora, no tendrán que corregirnos más tarde. Es mejor que el Señor nos enfrente ahora a tener que ser confrontados de manera ardiente más adelante" (1 Corintios 11:30-32 BEM).

El buen Dios, paciente y bondadoso, aun cuando tomamos la Comunión de manera indigna, está dispuesto a perdonarnos para no tener que confrontarnos, juzgarnos y condenarnos. Nos confronta y nos juzga, pero de manera disciplinaria, y nos lleva al arrepentimiento para no condenarnos. Esa es la diferencia.

Supongamos que dos muchachos están jugando en el patio trasero, uno de ellos es su hijo, pero ambos se meten en serios problemas: deciden romper todas las ventanas que ven. Empiezan a tirar piedras y rompen todas las ventanas del garaje y de la cocina; luego comienzan con las del vecino, entonces usted los atrapa. Bueno, ya que uno es suyo y el otro pertenece a alguien dos cuadras más abajo, los va a tratar de manera distinta. A uno le dirá: "Vete a casa. Voy a llamar a tu padre", mientras que al otro le dice: "Entra; quiero hablar contigo".

Lo sé; yo lo he hecho, me ha pasado. Tuvimos un hijo —que Dios lo bendiga— que los últimos tres meses se volvió cada vez más insoportable. Al final de esos tres meses, yo lo bajaba al sótano y se volvía dulce como una naranja; así se mantenía por un mes y medio. Luego por otro mes y medio, comenzaba a volverse imposible. Y cuando ya no lo podía soportar más, bajábamos al sótano (algo tenía el aire fresco de allí, que parecía hacerle efecto al chico). Pero ahí está la diferencia: si es su hijo, lo ama y en el fondo usted sonríe; pero no va a permitir que se salga con la suya. Usted piensa en el futuro del chico, por eso lo disciplina y lo castiga cuando bajan al sótano. Pero si no se tratara de su hijo, lo mandaría a casa.

De la misma manera, Dios dice: "Voy a disciplinarte porque me perteneces. Me duele que vivas como lo haces; pero no voy a condenarte, eres mío. Voy a juzgarte y disciplinarte", lo que es otra cosa completamente distinta. David dijo que prefería caer en las manos de Dios antes que en las del hombre (1 Crónicas 21:13). Él sabía que Dios es mejor que el hombre.

Sin embargo, he aprendido lo suficiente en cuanto a los caminos de Dios como para no querer caer en las manos de Él tampoco, si puedo evitarlo. No deseo la disciplina del Señor, porque Él usa el látigo para no tener que condenarnos. Lo hace para que participemos de su santidad. Solo al mulo terco hay que azotarlo. Solo al caballo salvaje y nervioso hay que tirarle fuerte del freno y del bocado. El animal bien entrenado no necesita que lo empujen ni que lo pateen ni que lo azoten.

Es más, los hijos del Señor deberían ser tan dóciles y fáciles de guiar que con solo un susurro suyo ellos entiendan, mantengan su conciencia limpia y también su vida; solo así se mantendrán rectos. Y si llegaran a tener un pensamiento que no sea correcto pero se contristan delante de Dios, se han de arrepentir y pondrán todo ello bajo la sangre del Cordero. En tal caso, Dios no tendrá que usar el látigo con ellos.

CAPÍTULO 9

EL SECRETO DE LA VICTORIA

Ten misericordia de mí, oh Dios, ten misericordia de mí; porque en ti ha confiado mi alma, y en la sombra de tus alas me ampararé hasta que pasen los quebrantos. Clamaré al Dios Altísimo, al Dios que me favorece. Él enviará desde los cielos, y me salvará de la infamia del que me acosa; Dios enviará su misericordia y su verdad. Mi vida está entre leones; estoy echado entre hijos de hombres que vomitan llamas; sus dientes son lanzas y saetas, y su lengua espada aguda. Exaltado seas sobre los cielos, oh Dios; sobre toda la tierra sea tu gloria.

—Salmos 57:1-5 RVR1960

Esto fue lo que escribió David cuando huía de Saúl y sus enemigos lo rodeaban. Con ese modo tan brillante que tenía de describir las cosas, David dijo que se encontraba entre leones, hombres cuyos dientes eran lanzas y flechas, y cuyas lenguas eran como espadas afiladas. Estaba rodeado por ellos y tenían la autoridad del rey Saúl respaldándolos, mientras que David no tenía a nadie más que a Dios. Así que David, instruido en los caminos del Espíritu, hizo algo que probablemente nosotros no habríamos pensado hacer. De inmediato puso a Dios entre sus enemigos y él.

David sabía que debía tener la victoria; pero también sabía que, si iba a tener un triunfo verdaderamente permanente, no podía pedirle a Dios que lo exaltara a él. Por eso no dijo: "Oh Dios, yo soy tu rey, el sucesor de Saúl, ese rey pecador. Ahora Dios, quiero que vengas a rescatarme y aplastes a estos enemigos bajo mis pies". Él sabía más que eso.

Así que oró, aunque no sé si podría llamarlo exactamente oración; es más bien una exclamación extática que una oración: "Exaltado seas sobre los cielos, oh Dios; sobre toda la tierra sea tu gloria" (57:5). Lo que él estaba diciendo era: "Pase lo que pase conmigo, Dios, sé exaltado. Pase lo que pase por causa de estos hombres con dientes y garras, con lanzas y flechas, Dios, que tu gloria sea sobre toda la tierra. Mi corazón está firme en esto, oh Dios, y cantaré alabanzas porque quiero que tú seas exaltado sobre los cielos y tu gloria sobre toda la tierra".

Este es el pensamiento de Dios, que es contrario al nuestro. Y merece nuestra atención. Necesitamos cantarlo, orarlo y predicarlo hasta que lo entendamos, porque somos muy lentos para aprender. Dios debía ser exaltado por encima de todo o, de lo contrario, la victoria de David habría sido un triunfo traicionero. Habría quedado derrotado aun si hubiese vencido a sus enemigos; habría sido una victoria pírrica que le habría costado demasiado. Así que puso a Dios donde Él pertenecía, en lo alto, exaltado por encima de todo, y entonces David salió bien, porque puso a Dios donde debía estar.

Ese es el pequeño secreto; podría detenerme aquí mismo y ya habríamos aprendido una de las cosas más importantes que es posible aprender: Dios está por encima de todo. Cuando afirmamos que magnificamos a Dios, no queremos decir que hacemos grande a Dios —no podríamos hacerlo. Dios ya es inmensamente perfecto. Lo que queremos decir es que nosotros lo vemos grande. Y cuando declaramos que lo exaltamos, no queremos decir que lo elevamos; queremos decir que lo reconocemos tan exaltado como realmente es.

Una relación invertida

El problema del mundo es que existe una relación invertida entre Dios y la humanidad, un desorden moral. El problema del mundo y de la raza humana es que no hemos puesto a Dios en el puesto al que pertenece en nuestro pensamiento, en nuestra conducta, en todas nuestras filosofías y en todas nuestras actitudes de la vida. Hay millones que, sin duda, oran a Dios. Pero el verdadero lugar de Dios en el corazón se aprende al observar dónde lo colocamos cuando estamos en problemas, dónde lo ponemos cuando llegan las dificultades y dónde lo ponemos en los demás tiempos de nuestra vida.

Quiero que usted se haga las siguientes preguntas:

¿Quién gana cuando hay que elegir entre Dios y el dinero, entre Dios y la ambición? Muchos jóvenes siguen al Señor cuando están en la adolescencia y van muy bien... pero luego se vuelven ambiciosos. Tienen algún talento que desarrollan, y el mundo se da cuenta; por lo que los llama. Entonces tienen que elegir entre seguir esa ambición, que los llevará al mundo y lejos de la iglesia, o seguir al Señor. Y creo que un noventa y siete por ciento de ellos seguirá su ambición.

¿Quién gana cuando se trata de placer carnal o hacer la voluntad de Dios? En el mundo, Dios jamás recibiría un voto; pero en la Iglesia parecería que Dios debería recibir todos los votos. Aun así, cuando la elección es entre placeres carnales y Dios, la Iglesia generalmente vota por los placeres carnales, siempre y cuando podamos —de algún modo— lograr un compromiso y tener a Dios también.

¿Quién gana cuando hay que escoger entre el matrimonio y la voluntad de Dios? Conozco y he leído de unos pocos casos en que hombres y mujeres se separan porque uno de los dos no es cristiano. Una joven me dijo una noche que estaba estableciendo un noviazgo con un joven y que había cierta posibilidad de que se unieran para toda la vida. Pero como él no era el tipo de hombre que debía ser, ella terminó la relación. Ahora bien, eso pasa muy rara vez. No ocurre muy a menudo. Usualmente, un joven o una joven sigue al Señor feliz y gozoso. Es el primero en llegar al culto de jóvenes y el último en irse. Es el primero en participar, en testificar y en todo… hasta que conoce a alguien. Y entonces Dios es relegado mientras decide si debe casarse y con quién hacerlo. Y si es una elección entre Dios y el matrimonio, se casan.

¿Y la elección entre Dios y los amigos? No hay muchas personas que renuncien a sus amigos por causa de Cristo. Mucho menos las hay que renuncien a *sí mismas* por Cristo. Entonces, ¿quién gana cuando el voto es entre Dios y estas cosas? Usualmente, las otras cosas ganan y Dios pierde. Esa es la razón por la cual estamos en la condición que estamos, ¿ves? La maldición no viene sin causa; tampoco la bendición. Vivimos a este ritmo pobre y agonizante porque estamos violando las leyes del reino.

Un joven descubriría el secreto de la victoria si, cuando se enfrenta a la elección entre una hermosa joven y Dios, dijera: "Exaltado seas sobre los cielos, oh Dios; sea tu gloria sobre toda la tierra". Entonces la victoria vendría a su vida. Y usted vería a muchas personas caminando triunfantes si, cuando se trata de sus ambiciones, aprendieran a decir: "Dios, sé exaltado sobre mi ambición. Que tu nombre esté por encima de todas mis ambiciones". Dios le daría la victoria. Pero no se la dará directamente. Él tiene que dársela por medio del trono. Tenemos que poner a Dios primero en el lugar al que pertenece y entonces, cuando hagamos eso, Él nos bendice y nos da la victoria. Pero si tratamos de obtener la victoria unilateralmente, si intentamos avanzar por nuestra cuenta para obtener esa victoria, no la conseguiremos.

Cuando ponemos a Dios abajo

El mundo avanza tambaleándose hacia un futuro incierto. Estamos viviendo en un tiempo confuso porque estamos poniendo a Dios abajo y al hombre arriba. Cuando el humanismo surgió, hace una generación, y convirtió la mente humana en el criterio de todo pensamiento y menospreció a Dios, la teología dejó de ser la reina de las ciencias. La reina de las ciencias se convirtió en la ciencia misma, o el humanismo, o la sociología. Y, por supuesto, caímos, porque no habíamos colocado a Dios arriba. Sin embargo, si usted exalta a Dios, Dios le exaltará. Pero si rebaja a Dios, usted se reducirá. Y el mundo está en el lío en que está porque Dios no tiene lugar en las mentes ni en los corazones de las personas.

La obra de Dios en la redención es restaurar este orden invertido: poner a Dios arriba y al hombre abajo, para que Él —entonces— pueda poner al hombre arriba. Y para hacer eso, Dios descendió tan abajo como podía hacerlo. Era imposible que bajara más. Recuerde lo que se nos dice en Filipenses: "El cual, siendo en forma de Dios, no estimó el ser igual a Dios como cosa a que aferrarse; sino que se despojó a sí mismo, tomando forma de siervo, hecho semejante a los hombres" (2:6-7 RVR1960).

Él se deshizo de su reputación, la última cosa que cualquiera de nosotros quiere hacer. Pero Dios podía darse ese lujo. Tomó la forma de siervo, lo que ya era humillante. Fue hecho semejante a los hombres, lo que lo hizo descender aún más. "Y estando en la condición de hombre, se humilló a sí mismo, haciéndose obediente hasta la muerte, y muerte de cruz" (2:8 RVR1960). Ese es otro paso hacia abajo, y no se puede descender más que morir en una cruz.

¿Cuál fue el resultado final? "Por eso Dios lo exaltó hasta lo sumo y le otorgó el nombre que está sobre todo nombre, para que ante el nombre de Jesús se doble toda rodilla en el cielo y en la tierra y debajo de la tierra" (2:9-10).

Así, como ve, somos exaltados cuando hemos exaltado a Dios y hemos bajado. Entonces Dios nos toma y nos levanta. Pero cuando tratamos de subir por nuestra cuenta, es el deber de Dios mantenernos abajo. "Por eso, conténtense con lo que son y no se den aires de grandeza. La mano poderosa de Dios que está sobre ustedes los exaltará en el momento oportuno" (1 Pedro 5:6 BEM).

Sin embargo, nuestros corazones carnales quieren ser exaltados ahora mismo. Queremos llegar arriba ya, pero Dios dice: "Pueden darse el lujo de esperar, hijos. Mi Hijo descendió y permaneció abajo treinta y tres años, luego descendió aún más hasta tocar el fondo absoluto de toda humillación posible. Y luego, a causa de que hizo eso, yo lo levanté y le di un lugar a mi diestra, para que se cumpliera el texto que dice: 'Yo honro a los que me honran' (1 Samuel 2:30 NVI)".

Jesucristo honró a Dios incluso en su sangrienta muerte y su degradación. Y porque lo hizo, Dios lo puso a su diestra y le dio un nombre superior al de los ángeles. "Porque, ¿a cuál de los ángeles dijo Dios jamás: 'Tú eres mi Hijo, hoy mismo te he engendrado?'" (Hebreos 1:5a NVI).

Así que recuerde: la redención hace muchas cosas por nosotros. Usted y yo tendemos a tener una actitud infantil respecto a la salvación, creemos que su propósito es hacernos felices. Esa actitud está por todas partes; la gente escribe libros sobre cómo ser feliz, solo tome a Jesús y se sentirá bien por dentro. Pero el propósito de la redención no es darle un cosquilleo en el corazón, sino restituir el orden invertido de las cosas. La redención pone a Dios donde pertenece —exaltado en el trono— y al hombre donde va —en el polvo— para que Dios pueda —desde el polvo— elevar al hombre al trono. Sin embargo, Dios nunca lleva a un hombre al trono a menos que sea desde el polvo. Nunca lo eleva a su diestra excepto que lo saque de la humillación.

Una parte integral del mensaje del cristianismo es: "Y decía a todos: Si alguno quiere venir en pos de mí, niéguese a sí mismo, tome su cruz cada día y sígame" (Lucas 9:23 RVR1960). Que renuncie a casas, hogar, cónyuge, padres y hasta a su vida (Mateo 19:29; Lucas 14:26). Debemos estar dispuestos a decir: "Oh Dios, si la elección es entre tú y mi casa o mi cónyuge o mis padres, te escojo a ti".

No hablo por hablar. Sé de lo que hablo; yo pasé por eso. Tenía diecisiete años cuando me convertí. Mi madre no era convertida, mi padre tampoco, ni ninguno de mis parientes. Mi madre era una buena presbiteriana rígida que miraba con desprecio a los fanáticos. Cuando yo predicaba en la calle, ella pensaba que eso era terrible. Decía: "¿Puedes imaginar a mi hijo predicando? Y no solo predicando, ¡sino predicando en una esquina de la calle?". Aquello era terrible para ella. Más tarde, cuando se convirtió y vio lo que el Señor estaba haciendo, humildemente admitió que el Señor había tenido razón todo el tiempo.

Sin embargo, uno tiene que pasar por estas cosas personalmente. Tuve que ponerme en contra de mis padres, aunque no tuve que dejar la casa, sino que tuve que vivir de una manera que ellos no aprobaban. Pero el Señor los salvó, y es maravilloso recordarlo. Salvó a mi padre, a mi madre, a mi cuñado y a dos de mis hermanas; todo porque yo exalté a Dios. Cuando la elección fue entre mis padres y Dios, escogí a Dios. Cuando fue entre mis amigos y Dios, escogí a Dios. Hemos de exaltar a Dios por encima de todas las cosas y vivir de tal manera que su gloria sea exaltada sobre los cielos. Esta es la escalera por la que se asciende al reino del poder y la palanca con la que se pueden mover montañas.

Hay una rica experiencia interior que los santos han tenido a través de los años y que Dios promete a sus hijos, este es el secreto: cuando uno vive esta realidad, experimenta una profunda satisfacción en todo su ser, una vida útil y fructífera en el reino de Dios, la que implica crecimiento espiritual y un conocimiento arrebatador del Dios santísimo. Pero —y el autor lo recalca— todo eso solo es posible cuando Dios es exaltado y nosotros somos humillados, es decir, cuando Él ocupa el lugar más alto y nosotros renunciamos a ponernos en el centro. ¿Puede decir, y decirlo sinceramente: "Sé exaltado sobre mí, Dios mío, aunque sea a costa mía. Sé exaltado, Señor, aunque a mí me cueste lo que me cueste"?

Demasiados negociantes

Dios tiene demasiados negociantes, demasiados Jacob que se sientan con un lápiz y piensan: "Si me bendices, Dios, te daré el diezmo". Jacob vivió así, al menos por un tiempo. Más tarde mejoró, después de que Dios obtuvo todo de él. No solo obtuvo el diezmo; Dios obtuvo a la esposa de Jacob, sus hijos, sus propiedades; todo.

Y cuando todo terminó, y Esaú venía a matarlo, ahí estaba Jacob, no con el diezmo perdido, sino con todo perdido salvo su pellejo. Solo tenía lo que llevaba puesto, nada más. Y allí estaba, a la orilla del río, y oró a Dios y Dios luchó con él de noche y le cambió el nombre.

Pero nosotros tendemos a regatear con Dios y tratar de hallar un camino fácil. "Señor, quiero ser bendecido, pero no quiero que me cueste tanto. ¿No podríamos conversar sobre esto?".

"No", dice Dios, "no podemos conversar sobre esto. Mis reglas son mis reglas, mi Palabra es mi Palabra y mi voluntad está revelada en la Palabra, no hay nada que discutir. Así que si vienes por mi camino serás bendecido. Si vas por el tuyo, lo perderás todo".

Exaltado por encima de posesiones y amigos

Es tan simple que no entiendo cómo la Iglesia se lo ha perdido. "Que tu gloria esté por encima de mis posesiones, oh Dios". Algunas personas tienen $25.000 en el banco acumulando intereses. Puede tenerlo, no me molesta en absoluto; ese no es el punto. El punto es que si la elección fuera entre renunciar a todo eso o seguir la voluntad más alta de Dios, ¿qué haría usted? La mayoría buscaría un compromiso. Agarrarían un poco de Dios y un poco de lo que tienen ellos.

También están las amistades. Fénelon dijo que nos cuesta renunciar a nuestros amigos para hallar a un Amigo. "Hay amigos más fieles que un hermano" (Proverbios 18:24 NVI). Puede poner esa palabra con mayúscula. Tenemos amigos de todo tipo y de todo grado: algunos que harían cualquier cosa por usted y otros que refunfuñarían si tuvieran que ayudarle en algo, pero tenemos amigos. Sin embargo, debemos entregarlos todos para poder tener *al* Amigo.

Y cuando tengamos *al* Amigo, tendremos amigos. El Señor nunca quita nada sin dar algo mejor a cambio. Siempre es así. Yo renuncié por un tiempo a la aprobación de mis padres y al respeto de mis amigos. Ellos pensaban que yo estaba medio perdido porque seguía al Señor y andaba con esa gente de la Alianza Cristiana. Mi padre decía que me habían llenado la cabeza de ideas. Perdí algunos amigos; pero gané *al* Amigo, y ahora tengo amigos en todo el mundo. No creo que haya una isla o un continente donde no tenga amigos, y me refiero a amigos que conozco, gente con la que he hablado, orado, predicado, y que me han predicado a mí.

Acabo de enterarme de que publicaron un libro mío en Alemania. Ahora tengo amigos allá. Me dicen que en India, Japón, Armenia y en varios países de habla española el Señor está permitiendo que mis libros se distribuyan. Y tengo amigos allá que nunca he visto. Menciono esto solo para que sepa que cuando Dios quita amigos, por causa *del* Amigo, nos da más amigos; mejores que los que tenía antes. Dios quitará personas que no le hacían bien, de todos modos, y le dará a cambio la mejor gente del mundo por amigos.

Exaltado por encima de las comodidades y las ambiciones

Dios debe ser exaltado por encima de nuestras comodidades. Si algunas personas aparecieran en la reunión de oración, el pastor se desmayaría y la pianista caería muerta al suelo, porque no les resulta cómodo estar allí. No sé qué dan los miércoles por la noche en la televisión, pero seguramente esa es una de las razones. Necesitamos renunciar a nuestras comodidades. Acurrucarse frente a la chimenea en una noche fría es algo maravilloso. Pero Jesucristo, nuestro Señor, se levantó y salió al mundo frío y desolado para darlo todo, lo que también hicieron sus apóstoles y los santos a lo largo de los siglos. Así que renunciemos a nuestras comodidades. "Sé exaltado, oh Dios, por encima de mis comodidades y mis placeres".

Dios debe ser exaltado por encima de nuestras ambiciones, todos esos proyectos privados que la gente tiene. Debe ser exaltado por encima de nuestra reputación. Eso suele ser algo muy difícil de eliminar. Deseamos tener una reputación. Y cuando vemos que no la podemos obtener, queremos tener la reputación de que somos felices por no tener reputación. Así funciona:

descubrimos que no importamos, entonces sonreímos como San Francisco y decimos: "Bueno, no tengo reputación, gloria al Señor". Y la gente dice: "Qué santa es, está feliz porque no tiene reputación". Pero es otra forma de tener reputación, ¿lo ve? Es solamente otra manera de cumplir su ambición.

Además, Él debe ser exaltado por encima de mis gustos, mis disgustos, mi salud y hasta por encima de la vida misma. Toda mi vida he tenido que espantar amigos que temían que me matara. Me decían: "Tengo miedo de que te mates; vas a trabajar hasta morir". No te preocupes por eso, hermano mío. Morir trabajando en el reino de Dios es una manera maravillosa de fallecer. Pero Dios no permite que muchos de sus hijos mueran así.

Finney enseñaba que si uno descansa en el Señor y espera pacientemente en Él, no morirá antes de los setenta y tantos. Pero también decía que muchos predicadores se matan sirviendo a una iglesia perezosa que no los ayuda. Y decía que el Señor juzgará a esa iglesia. Eso creía Finney.

Pero no te preocupes por mi salud. La puse en línea hace mucho tiempo. El Señor puede tener mi salud. ¿Por qué querría quedarme en este mundo después de haber terminado mi obra? ¿Por qué vegetar y permanecer aquí, como la última hoja del árbol en otoño, la última rosa del verano, marchita, colgando patéticamente del tallo, esperando el primer viento?

Entréguele su salud al Señor y luego su propia vida. La gente teme mucho rendir su vida al Señor por completo. Conozco a un predicador al que le dijeron que tenía angina de pecho y que si no tenía cuidado, moriría. Así que gimoteó como un perrito castigado y se fue a California a jubilarse. Sin embargo, otro amigo mío recibió el mismo diagnóstico y dijo: "Está bien. Quiero morir en el reino de Dios, en la obra de Dios". Así que siguió trabajando. Una mañana su esposa se levantó para hacer el desayuno y fue a despertarlo, y ahí estaba mi buen amigo, tendido en el suelo, un hombre alto y apuesto, muerto. Había entregado su último aliento a su Dios. No se había ido a California a esconderse diciendo: "Tengo miedo de morir". ¡Muera, hermano, por el amor de Dios, muera! Está bien. Puede darse ese lujo. Es lo último que la mayoría de la gente hace y no es tan terrible. Entréguese a Dios. "Oh Dios, sé exaltado por encima de mi salud. Sé exaltado por encima de mi vida".

Y no se preocupe por la duración de sus días. Hace mucho tiempo el Señor me dio dos versículos: "Me aseguraré de que disfrutes una vida larga y plena" (Éxodo 23:26 BEM) y "tu fuerza sea como el hierro mientras vivas" (Deuteronomio 33:25 BEM), por los cuales he vivido.

Nos preocupamos demasiado por nuestra salud. La gente del mundo no lo hace. Un presidente o vicepresidente de una gran empresa llega tambaleando a casa a las once de la noche con un maletín y le dice a su esposa: "Tuve un día terrible en la oficina". Y su médico le dice: "Si no te cuidas, vas a morir. Estás en muy mala condición". Pero él sigue viviendo así. ¿Por qué? Para hacer ventas y tener un yate más grande el próximo año y un coche más lujoso el año siguiente. Sigue trabajando por dinero.

Cuando el doctor le diga: "Debes cuidar tu salud," no lo tome demasiado en serio. Y cuando un doctor diga: "Debes disminuir tu trabajo para el Señor," debería responder: "Adiós, doctor. Conocí al Señor antes que a ti". Siga adelante y, de todos modos, vivirá. He visto que quienes dejan de trabajar y tratan de proteger su salud caen en poco tiempo. Renuncie a sus amistades, sus posesiones, sus comodidades, sus ambiciones, su reputación, su salud e incluso su vida, y verá que Dios le devolverá todo en "llena, apretada, sacudida y desbordante" (Lucas 6:38 NVI).

Este tipo de enseñanza es muy difícil de comprender, porque no es lo que solemos oír hoy. Oímos algo totalmente distinto. Cristianos alegres y confiados nos dicen qué maravilloso es aceptar a Cristo y luego pasarla bien el resto de su vida; que el Señor no le pedirá nada. ¡Sí se lo pedirá, amigo mío! El Señor le pedirá todo. Y cuando se lo entregue, puede bendecirlo y devolvérselo, pero también puede no hacerlo. Recuerde a Betty y John Stam, los misioneros que sirvieron en China en los tiempos de la revolución comunista. Estos se llevaron a los Stam y dijeron: "Ahora, renuncien a este asunto de Cristo o mueren".

Y los Stam dijeron: "No renunciaremos a Cristo".

"Muy bien", dijeron. "Arrodíllense". Ellos se arrodillaron. "Inclinen la cabeza". Ellos inclinaron la cabeza. Y John y Betty Stam fueron decapitados.

Tenemos cristianos que han sido llamados a entregarlo todo. Pero son más ricos que Midas, más ricos que todos los reyes de la tierra, más ricos que todos los avaros del mundo porque se les permitió entregarse a Dios.

Uno de los grandes santos de Dios, en los tiempos de los romanos, cuando mataban cristianos, deseaba morir como mártir. Por eso les escribió a sus amigos cristianos en Roma, diciendo: "Quiero pedirles un favor. Tengo un anhelo en mi corazón: morir por mi Señor. He vivido para Él y lo he entregado todo, pero no es suficiente. Quiero una corona que corone todas las demás: quiero morir por mi Señor".

Y dijo: "Como van las cosas, moriré; ya me han sentenciado. Si ustedes interceden, pueden librarme. Por favor, por amor de Cristo, no lo hagan; no acudan a las autoridades a pedir que me liberen. Me decepcionarían y me harían daño. Ya soy anciano, lo he entregado todo y ahora quiero esta corona. Déjenme tenerla. Déjenme en paz".

No intercedieron y los romanos ejecutaron su sentencia. Y así ese hombre recibió su corona, gracias a Dios. Esa es la lista de los espiritualmente grandes. ¿Qué los hizo así? Todos hallaron el secreto: "Oh Dios, sé exaltado sobre todo. Venga tu reino y váyase el mío". Y asegúrese de una cosa: antes de que su reino venga, el suyo tiene que irse. No sé si eso es buena escatología o no. Pero sé que es una buena experiencia cristiana: antes de que el reino de Cristo pueda venir a mí, mi reino tiene que salir de mí. Tengo que bajarme de ese trono y devolverlo a quien le ha pertenecido todos estos siglos: Jesucristo nuestro Señor.